走出銅像國

龔鵬程著

三民叢刊 39

三民書局印行

如何走出銅像國？

周志文

賈可梅提（Alberto Giacometti）是我每次想到「銅像」這個名詞時候所聯想起來的雕塑家。他總把人拉得細長得不能再細長，他還不滿意，再用刀削去僅剩下的一點肌肉，眼神呢？那是完全沒有眼神的那種眼神，他的銅雕是一具具被鏤刻得只剩有薄薄一層軀殼的人，張著腳和手，在廣場兀自行走。

廣場的行人總是很多，但彼此很少有所關聯，他們的形體很靠近，心理卻相隔遙遠，賈可梅提的作品充分表現了這個特質。沙特分析他，說他的作品有兩個基本的要素，那便是絕對的自由及存在的恐懼；這兩個要素應該被視作兩個孤立的事件，否則既有存在的恐懼，何來絕對的自由呢？賈可梅提在他作品中，試圖將人的靈魂從他的形體之內抽離，但他沒法完全抽乾淨，所以仍然存在著也許更爲敏銳的感覺，那行人的感覺，或者說賈可梅提的感覺是什麼呢？套一句心理學的術語，那叫做「廣場恐懼症」（agoraphobia）。

賈可梅提用銅雕來反應他對廣場的恐懼，其實大多數人對廣場的恐懼可能更來自廣場中央的銅像。廣場中央的銅像總塑造得碩大無朋，而又充滿了殺伐之氣，在銅像俯臨之下所有的慶典活動，都充滿了昂揚但帶有強烈僞善成分的聲勢，廣場不只給人恐懼，而且令人厭惡。這是爲什麼當赫魯雪夫當政之後，莫斯科廣場上的史大林銅像就被推翻，九一年八月蘇聯三日政變後，格別烏的創始者柴辛斯基的銅像隨卽被大卡車吊走，KGB 廣場歡聲雷動，大呼萬歲。當廣場沒有岸偉的銅像，人們對廣場的恐懼便減輕了許多。

旣然終會被推翻，當年何苦要建立那座望之凜然的銅像呢？銅像通常不是那個「偉人」要求樹立的，建立銅像的人便是後來覺得恐懼不安的那些人。他們需要一個像神一般的人物來領導他們，他們心中匱乏，不願承擔任何自由的負擔，當那個神一樣的人被製造，被樹立出來之後，他們舒了一口氣，從此可以高枕無憂了，因爲「天塌了有高個子扛」呀！但完全沒有想到，那個偉人爲他們製造的壓迫遠比幸福爲多，銅像有一部被陽光照得耀眼，不過與他在廣場上造成的陰影來比較，便顯得微不足道了。

巫術在原始社會的歷久不衰，有時並不來自巫術的法力，而是來自大眾對巫術的需求，了解這一點，有助於我們的觀察：爲什麼那個被後世批評了「獨夫」的人，在他活著的時候，身旁總跟著成千上萬的擁護者，高聲競呼萬歲，響徹雲霄，人們願意捐出他的自由，給那個神祇般的人物任意左右。在平常的時候，自由確實是一項負擔，所以康德曾說：道德的自由不是天賦，而是一項工作，是人給他自己的一項最艱難的工作。既是一項最艱難的工作，因此，大多數人在他的一生中一再重覆做的是：逃避自由。

這是爲什麼世上的銅像愈造愈多，陰影愈來愈大，個人卽使獨處在屋角也無法躲避那蔓延進來的恐懼。而恐懼大多是自找的；人要學習的是，不要要求別人推倒銅像，人要自己學著承擔所有自由的負擔，勇敢地，並且不期待他人，一個人走出陰影。

龔鵬程的新書《走出銅像國》要出版了，作爲他的一個友人，我鄭重地這樣提出建議。這個建議，在許多地方是呼應著他的論點的。

八十一年一月二十二日

走出銅像國

附　錄

走出銅像國

德國統一了。前些日子我在報上看到一幅新聞照片：一堆銅像，散亂堆置著。原來，是東德人眼看統一在卽，共產主義已然瓦解，舊日供奉的共產黨諸宗師之頭像，已不再需要，故將之一併收集起來，準備扔進儲藏室，或乾脆鎔解了事。

眼看馬克斯、恩格斯、列寧、史大林等人的頭像，落得如此下場，實在令人咨嗟不已。張系國曾有一科幻小說，寫一國，名銅像國，國人好造銅像，新王繼起，則鎔舊像鑄新像，以致銅像越長越高，碩大無朋，引生一大事因緣。文甚瑰奇，縱恣無端。雖托情於荒遠，實切喩眼前世界。的確，人類愛鑄銅像，特別是神祇的像。但新時代一旦降臨，舊的神祇可能就要棄置如敝屣了。

在早期尚未普遍使用銅器的階段，人們常是用比較軟的材料塑造後，再鑄成銅像，在銅像上加嵌其他的材料，如木材、金葉、青金石等。有時則只以銅作飾料。如藏在伊拉克巴格達博物館的烏魯克城女頭像，便是蘇美人用大理石刻成，而以金及黃銅爲假髮者。

當時蘇美人的雕塑，主要材料是石頭，用銅較少。埃及古藝術中，亦是如此。希臘人那些震撼人心的雕刻，主要也是用石材，但採自 Apollo 聖廟的 Delphi 馬車夫像，已可證明在公元前五百年左右，希臘的銅鑄藝術已經非常發達了。Delphi 的馬車夫像，原是獻給神的祭品，用銅做出衣服柔軟的褶紋，是雕刻史上第一次眞正表現出衣服的布料的感覺。其後如擲三叉戟的 Zeus 神像及著名的「擲鐵餅者」像，都是精彩的青銅製品，古典風格的成熟期至此展開。羅馬人常把這些銅像翻造成大理石像，材料雖異，精采則同。

希臘銅雕並不集中表現對神祇的崇敬。像有名的「垂死之高盧人」，卽是爲希臘將軍 Attalus 第一所鑄造，以紀念他打勝了高盧人。此與蘇美藝術中對帝王的人身崇拜，實有同工之妙。

蘇美銅器中最動人的，莫過於 Akkadian 王的青銅頭像，製於公元前二三〇〇年，尊嚴慈祥，刻劃入微，眼框中還嵌著寶石。可見銅像很早卽被利用到對人間尊貴者的崇拜上了。時至今日，歐美諸公共場所，仍以樹立皇王帝相偉人將軍之銅像爲常例。流風所被，遂連我國亦深受其影響。

中國至今發現最早最大的青銅神靈崇拜物，是在四川廣漢三星堆的青銅立體鑄像，高約二米，乃商末周初之物也。商周青銅之多且精，當然是傲視寰宇的，但類此青銅神像的人王崇拜，卻極爲罕見。

蓋中國人之雕塑人像，主要是宗教崇拜性質，除神像與明器之外，絕少替人王及世間貴者塑像。即使是祭祀祖先或釋奠孔子，亦只以木主爲之，連圖像都不用。大道士陸修靜的《陸先生道門科略》即曾明言道教不用「床座形像幡蓋眾飾」，則其不爲人王貴者建塑銅像，更是可想而知了。

不幸此一傳統並未保留，不但開國元勳、革命領袖、虎將功臣，均於大庭廣眾間勒石誌勳，銅像巍峩；就是私人宅府，也常見主人仿西洋貴族世家之例，託匠人鑄造自己的胸像，放在廳堂間，供人瞻仰。

此或爲一時之紀念。然正如前述，青銅鑄像本有神靈崇拜的性質，故一旦鑄像，它便具有神祇般的地位，大家會把那個被塑像的人視之爲神。這就是銅像的神聖性所在。尊崇某人時，把某人視爲神、視爲信仰對象時，我們替他塑建銅像。等到信仰轉變了，我們不再相信他了，或者，政治權力改移了，昔日之尊貴者不復尊貴時，大家就去銅像前掛抗議布條、貼標語、噴油漆，或打砸拆毀銷鎔之。此銅像之滄桑史，亦近代政治社會史之一端也。

然而，銅像無語。它們仍有鬱怒的神情，勁銳的眼光；堅毅的嘴角，仍然流露著革命事業輝煌時期的微笑。這一批批沉入歷史塵埃中、不再被新時代供奉的神祇們，如果能安全地走出這個時代，將來，也許還可以它們微笑或憂鬱的姿勢，再度進入藝術史的殿堂，如我們今天看蘇美 Akkadian 王的青銅頭像那樣。再一次激起人們的熱情與感動。

這恐怕就是歷史迷人之處吧——從政治社會史的角度看，我們應該走出銅像國；站在藝術史的立場，銅像成林，又何嘗不好？

是的，銅像成林，未嘗不好，眞正該去除的，不是銅像，而是人身崇拜。

七十九、十一、十一《新生報》

過去的大師

文化人喜歡若無其事地說些惡毒話。有次，我邀旅日學者李獻璋先生參加一研討會，評論某篇論文。李先生表示該論文談媽祖，「媽祖還有什麼好研究的呢？這個問題，已經被我做完了。現在再來研究媽祖，非愚則誣。」瞧也不願瞧一眼。我大感驚異。不料他又接著道：「你別以爲我狂妄，我告訴你，我的學問，超過顧頡剛幾十倍哩，現在大家只曉得顧頡剛，唉！」搖頭嘆息不已。

我很不喜歡李先生，覺其氣味不佳，無故矜張，尤感無聊。但他這番話，我一直記在心上。經常在琢磨：顧頡剛、陳寅恪等幾位閃亮的名字，是否眞正不忝其令譽？到現在，我們仍在傳述他們的治學偉蹟，究竟代表什麼意義？是他們的事功歷久而彌著，抑或後學孱弱、仍難企及？現代學者，若說成績已超過顧頡剛，能不能只視爲笑談？

我常想這些問題。久而久之，遂對大師們少了敬意，覺得到現在仍不加批判地稱述這些大師，恐怕不太對。

以顧頡剛的辛勤治學而言，我人固當敬佩學習。然其《古史辨》，方法本身實有問題，凡其所考，俱多可商，論秦漢方士及儒生，更是錯誤百出。學術是進步的，現在來看顧頡剛，可視爲舊日之典型，卻實在不能奉爲今日仍可遵循的導師。

陳寅恪也是如此。余英時、汪榮祖諸先生近些年還有論陳氏史學的專著，可見其令譽不衰。彼以名公子，擅長多種語文，得與梁任公、王國維併肩於清華爲國學導師，自爲海內所景慕。兼以博聞強記，著述宏富，爲世所推。後嬰眼疾，又未能脫身竹幕，末年身世，輒多可傷。其遭際、其學術，漸成爲學界中一則傳奇，屢經傳述，殆非無故。

然而，純從學術上說，陳先生是站不住的。陳先生號稱通曉幾十種語言，但眞正用在研究上而有創獲者，其實不多；偶爾運用其梵文知識考釋中古史料，也多迹近附會，或無關緊要。在研究方法上，陳先生固然具有方法論的方法意識，但主要仍以史料考證爲之，且乏玄思，不能處理哲學問題。其具體研究，也往往不能成立。例如他講南北朝史，論《切韻》和四聲，堅持四聲係受佛教影響、《切韻》爲一地之方言。近來講聲韻學的人，或不以爲然。他談隋唐制度之淵源，謂唐官制依隋，隋依北齊。但唐太宗所定三省制，實係採用梁陳舊制，根本不是北朝制度。牟潤孫先生已有駁正。凡此皆因陳先生自己對漢族以外的文化有些知識，故論南北朝史喜歡談域外影響，論隋唐史喜歡講其北朝淵源，而不知其立言之偏宕也。

他的唐史研究，問題更多。他認爲唐代前期採關中本位政策，後來武后起用文學科舉之寒人，逐漸形成後期朋黨之禍，世族與科舉進士階層相傾軋，唐室以屋。整個描述都是錯的。而其中針對個別事例所發之議論考據，亦多經不起推敲。如他考證〈長恨歌〉，謂白居易之詩與陳鴻之傳，應該是個不可分割的整體；說唐人傳奇之盛，是由於進士之溫卷；說唐人小說之發達，與古史運動有密切關係……等等，後起的研究，都證明了它們曾經誤導過太多學人。

因此，陳先生所展示的，其實也是個舊典範。近幾十年來，史學論證之嚴密、視野之開拓、方法之推陳出新，俱已超越陳先生及他所代表的那個時代。故基於學術傳承相繼的意義，一方面固當感謝諸先生之蓽路藍縷，以啟山林；一方面則應正視當代研究的成果，別老供著舊菩薩，不屑看看眼前活蹦亂跳的小仔子。

咱們社會，談起學術史，彷彿就只是幾個馮友蘭、胡適、顧頡剛、傅斯年、陳寅恪，彷彿到臺灣這幾十年就不再出現過什麼值得稱道的人物。這種大師崇拜，雖不能代表什麼意義，但對學術的了解，恐怕會造成不恰當的估量。因此，我願意接著李獻璋的話說：不是某個人超過顧頡剛、陳寅恪，而是許多人都超過他們了。

這是我很費力說的正經話。大師們是否眞爲大師，需要評估；縱使眞爲大師，大師走得遠了，他頭上的光環也不必老箍在咱們頭上。

八十、八、四《中華日報》

丈夫再造散

《聊齋》裏記載了一則故事說，楊某性懼內，妻奇悍，經常鞭笞他，且殃及老父及弱弟。事爲狐仙所知，乃幻化成一巨人，假裝要殺她，逼她悔改，楊妻懼駭，婦威遂斂。不料楊某媚其婦，竟洩露狐仙幻化巨人的秘密。其婦大怒，提菜刀要殺他，並毆楊父，逼楊弟投井死。楊某唯長跪而已，不敢起。狐仙知道了，大發脾氣，取「丈夫再造散」給楊某喝，喝了後，楊某卽覺忿氣塡膺，如烈焰中燒，把楊婦狠狠揍了一頓，割婦股上肉擲地。婦療傷月餘始息。但漸漸地，又故態復萌矣。

似此懼內之事，古今皆不罕見，卽於正史中，亦復觸處多有。狐仙說楊某之事「天下之通病也」，實在一點也不錯。我們若把此一現象視爲一二人乾綱不振、人格異常、有被虐待狂，恐怕就有故意模糊問題之嫌了。

就常理說，男女不平等，婦女在社會上是弱勢性別，在經濟、法律及社會生存條件各方面都受到男性的壓迫；打老婆，更是法所不禁，司空見慣。婦女在這種態勢下，只能忍辱含垢，以溫柔委曲順巽的婦德，來謀生存。直到現在，婦女才在經濟上逐漸獲得自主權，才逐漸能爭取男女平權，擺脫「第二性」的諢名。

這是現代人對男女問題的基本看法。但這種看法，會不會是長期經過某種意識型態宣傳後，被洗腦的結果？

不錯，婦女在歷史上確實有「被壓迫」的事實，可是丈夫遭妻子凌虐的例子並不少。如果婦女既無經濟之自主權、體力又差、法律上也不保障她的權益，一切條件皆不利於她，她憑什麼發威？丈夫又爲什麼會忍讓她，乃至從內心發出一種深沉的懼慄感？反過來說，歷史上從來沒有不反抗的被統治者，處在暴政之下，人民的忍耐力尚且只有數十年，長則不需兩百年，必起來反抗。爲何男性中心父權社會形成後，女性一直隱忍至今？

是否「男性中心社會」只是一種論述、只是一套描述地圖的說辭，眞正的男女位置及關係，向來就不是那一套簡單概念與邏輯所能說明的？

例如，中國正式提倡婦德、宣揚守節、發明纏足者，都是女人。那麼，這到底是男人的壓迫，還是女性的策略呢？

以理學流行的宋朝來說，法律規定：夫出三年不歸者，聽任改嫁；夫死百日後亦可改嫁；不讓家裏的寡婦再嫁，有罪；有些大家族，甚至支付再嫁女的待遇，還要優於男子之再娶。又，丈夫可以出妻，妻亦可主動要求離異，且可「中分其貲產」。當時之學者，更曾主張：「非惟婦人有七出焉。夫如有罪，亦可七出。」……

我們從前總是批判中國舊式父權社會以「三綱」「七出」壓迫女性；以不准改嫁的貞節觀念扼殺人性慾求；以財產控制使女性必須依附丈夫，否則無以存活……等等。對上文所舉這類事例，又看見了嗎？或者，我們只是從歷史上選擷了某些便於塑造革命氣氛的事例，以達成擴大女權的策略意義？

司馬光曾估計，妻悍不易制的情況，「可勝數哉」。所謂不易制，不是指氣勢跋扈而已，乃是如楊氏妻那樣，經常動手揍人。如著名的大學者、大科學家沈括，娶妻「張氏悍虐，時被箠罵。捽鬚墮地，兒女號泣而拾之，鬚上有血肉者，又相與號慟」。此事聽了都覺得恐怖。當時名流，如王旦、夏竦、郭稹、周必大、晏殊、汪藻、陸游等，無不「畏內，眾所共知」。妻之待夫，亦往往勝似酷吏刑拷。時至今日，懼內亦仍為一「天下之通病」；男人亦遂不以懼內為恥。丈夫再造散，有之固佳，無之亦可。日久習慣，漸成自然，羣曰：「我懼內」「我係 PTT 協會會員」，以相笑樂。無可奈何而安之若命，此之謂也。

這是在女性淫威之下，另一種隱忍吧，當然也是一種策略。思考男女問題者，宜從正視此類現象始。勿再持那一套荒謬陳舊的女性被壓迫神話來觀察歷史與社會了。

七十九、十、二十一《中華日報》

里仁之哀

臺靜農先生寄居龍坡里，其龍坡丈室，於藝文界大大有名。我亦居此仁者之里，且同在一巷。所不同者，臺公住處那一端林木蓊鬱，有翛然出塵之感；我住的這一端，則恰好有一市場，濕垢囂穢，俗鄙不堪。居處地氣，似乎也配合著居住者的氣象。不過，時有人來市場詢問：「臺靜農先生住在哪兒？」遂令住在這一端的俗人，也感受到了仁者的氣象，深覺與有榮焉。

臺先生住在那兒，是否怫鬱寡歡呢？我每天都要經過他家門口，也總會想起這樣的問題。但眞正叩門拜望的時候很少。偶爾謁見，覺其朗爽曠達，則又欣欣然喜。

臺先生的學問，我不太清楚，也未上過他的課，對他的了解，其實大部分是看他的字。我喊他老師。因爲我考入師大博士班，他是主考官之一。我的碩士論文上有我自寫的題簽，他甚感興趣；當然，他也看出了其中有些鈎挑波磔，跟他的筆路有點像。對於喜歡寫字的年輕人，他一向是很關心的。

但我終究沒有向臺先生要過任何一張字。不是我不喜歡，也不是不敢開口，而是我不太懂他的字。並世論臺先生書藝者，依我看，大概也都不懂。大家只是模模糊糊知道他學石門頌、學倪元璐、學沈寐叟而特具姿態罷了。可是臺公的字，結體疎而怪，用筆欹而險，戈戟森然，鈎磔特甚，貌似銅牆鐵壁，實則甚爲媚麗。他雖用功於石刻文字甚久，極爲推崇鄭道昭，其字卻無雄渾蒼古之氣。若以樸茂寬和之境求之，臺先生終身未能到。若云雄桀傲岸，或爲堂堂正正之師，亦非先生所能爲。何以會這樣？論書法，先生屢稱道其師沈尹默，然又爲什麼師徒取徑之懸隔若此？

這些問題，都是眞正考慮臺先生書藝在歷史上的地位時，所必須面對的。僅僅是歡喜贊嘆，泛泛稱說，並無意義。

我看過臺公早年的書法，揣摩他取塗石門頌、倪元璐的用心，覺得他似乎在試著走一條新路。什麼新路呢？

近代書壇，在整個書法史上地位頗爲特殊。清朝中期以後，崛起的書家如鄧石如、楊守敬、張裕釗、趙之謙、康有爲、吳昌碩、李瑞清、沈寐叟、鄭孝胥等，融舊理新，局面大開，取資碑碣，尤見功力。對唐宋元明以來的審美意識，可謂一大衝擊。順著這條路，應該會對中國書法開拓一個新天地。可是，新變之後，沈尹默似乎代表了回歸的浪潮。二王書風，又重現於江湖。溫儒俊美的書法審美意識，重新取得了領導的地位。用大陸書法研究界同行的話來說，就是：「沈尹默以他與領袖們的特殊關係，重振旗鼓，通過政府的強有力支持，持續培養了一批中青年書家，在全國眞正掀起一場以大王爲崇尚的書法浪潮。」這話固然把問題看得太簡單，但沈尹默書風之影響卻是事實。中共官方也確實支持此種書風。沈氏逝世後，現在繼領風騷的愛新覺羅啟功，字之柔媚穉美，即屬此一路。但中共官方影響下還有另一股風氣，生辣狂怪，係文革草莽流氓氣與毛澤東率意亂掃體的結合，虛矯淺薄，不値一哂，而亦流行一時，觸目皆然。此當代書壇之大勢也。臺灣之書藝，于右老巍然爲魯殿靈光，變化碑版，用筆方圓互濟，固一世之雄傑。然仿擬者眾，竟成俗體。溥心畬後，亦漸復歸於晉唐風調，文采映照，溫文爾麗矣。清代以來，創造性的嘗試，可說已逐漸結束了。

臺先生的書法，似乎就是在這個環境中，想尋找一個新的可能。他研究楊凝武、鄭道昭，旁及非唐人書法主流的寫經體，並結合漢隸以書晚明字樣，皆足以見其用心。他從不以書家自居，然此意實不可掩。是有意通貫晚清以來之書學方向及傳統審美趣味者。故臺先生的字，實驗性很強，我不以爲他已經成功；對於他的努力居然未能鼓舞後學、啟廸時人，更表示惋惜。臺先生當然是卓然有以樹立的，唯斯人之哀，亦時世之哀也。近幾天，每過先生之門，輒徘徊惆悵者，儻爲此耶？

七十九、十一、二十五《中華日報》臺先生公祭日

爭土

我的家鄉，是有名的江西省吉安縣，出歐陽修、文天祥的地方。但古代之文士風流，並未對地方上有太大的影響，該地迄今依然樸野。胼胝農勞的人們，雖嚮往古風，生活的壓力卻使得他們遠離了詩酒優遊與揖讓禮樂，力與天爭，以求獲得一點點溫飽的喜悅。

力與天爭之外，當然也不免要與人相爭。

我們值夏鎮下，涵轄了好幾個村子。這些村莊多半是一姓聚居的族村。龔家是個大村莊，人丁約二千人；毗鄰的匡家、蕭家則稍小些。特別是匡家，他們村子的中心，距龔家也不過二公里許，田地彼此緊接著，所以糾紛爭論也特別多。像農耕時的用水啦，放牧時牛羊踐踏或吃掉了對方的禾稼啦，砍柴割草時侵漁了對方的權益啦，小孩玩耍或讀書時的衝突啦，總要吵上一頓。牛吃草時，脫繮佚入對方村子，對方絕不會送回來，非得奉錢去贖不可。

這兩個村子，不僅爲了生存的資源而爭，也爲面子和榮譽爭。這個村子裏酬神演戲，排場大、風光熱鬧，那個村子便嫉憤不平，總也要辦得更體面更壯觀些。倘若辦不成，就想法子讓你看不成戲，壞壞興頭。例如你們一羣人正看著戲，他們就遠遠用彈弓把煤氣燈打破，讓你看不成。你們喧嚷起來，他就遁入他們村子裏去，你也無可奈何。縣鎮政府派人下鄉放電影，先上哪個莊子也有得吵。如果先來甕家演了，那麼，大夥正看得熱鬧時，也許他們在後面就把放映機一把扛著跑了。

這樣子爭資源爭閒氣，倒也不盡爲陋俗，因爲它可能促進競爭。例如某家人出了佳子弟，能讀書，則取功名、出仕、著述立說，皆光耀門楣之事。另一家便千方百計，也要教自己的子弟去讀書，取功名、出仕、著述。我們那麼窮苦荒僻的地方，仍能保持文風於不墜，實在不能不說是得力於此種競爭。

但大部分時候，競爭是恐怖肅殺的。兩村除了聘教書先生教子弟讀書之外，也都聘了教打的師傅。村中男女都得習武。家家戶戶，自己沒得吃，對師傅的供敬可不能少，總是每家輪著或持份供養。師傅們也不閒著，白天教打，夜裏還得巡夜。碰上鄰村挑釁，或大規模的集體械鬥，更需身先士卒，多有以身殉者。

我小時，常聽長輩講論兩村武鬥之佚事，輒覺驚心動魄。而此風竟在共產黨佔據大陸以後，亦並不能消除，兩個村莊仍然要打。匡家來攻時，往往是在祠堂裏殺了豬、剝了牛，祭過祖，全村吃過一頓後，各人回家帶上武器。男人持刀棍犁鋤；女人則携竹籃，裝滿鵝卵石，趁我村人眾上工下田時，進村洗掠。大規模的殲滅戰，好像還沒有，但衝突是慘烈的，損失也往往嚴重。我大哥曾從師習武，有一次持大關刀守住村口，劈倒匡家來攻的人，才保住了村人的安全。

這一類糾紛，在中國各地村鎭中，可說司空見慣，非獨我鄉爲然。梁任公便曾說過，春秋時期有名的城濮之戰、鄢陵之戰，規模其實還比不上他們廣東鄉村裏的械鬥。臺灣早期開拓史上，漳泉械鬥、閩南與客屬之械鬥，也不比廣東人遜色。這些械鬥，涉及族屬意識以及對土地的爭奪，所以也很難消弭。

不要譏笑鄉下人少見識，「千里修書只爲牆」。從大歷史的觀點看，世界皆屬成壞住空，何必斤斤計較，「讓他三尺又何妨？萬里長城今猶在，不見當年秦始皇」。可是落入現實界，這一兩寸、二三尺卻攸關族羣之尊嚴，非爭不可。英國與阿根廷，爭福克蘭羣島；我們現在跟日本爭釣魚臺的主權。從某個意義上看，正如我今日看我村人與匡家、蕭家之爭畔隙釁，頗覺無聊，殊感其爲無謂。可是從另一方面看，似乎又無法不爭。人世有許多我所不能解決、不能明白的事。這，大概也屬其中之一吧。

七十九、十一、十一《中華日報》

拳喻

我初入大學教書，教的便是「讀書指導」「治學方法」之類課程。當時一些師長大概是覺得我還算會讀書，且平時又好談方法，故差我去講這些課。歲月悠悠，至於今亦十餘年矣。十多年來，我總在談這些與那些研治中國學問的方法。口講指畫之不足，偶爾亦發表文章。用力不可謂不勞。

但總的成績如何呢？說來慚愧，不僅沒教會別人什麼治學之法門，自己也愈來愈糊塗了。

當然我不否認我不太會教書。學生在我這兒，只會學到困惑和挫折。同儕偶或談起，總勸我不可懸格太高、立言太峻，須矜勉愚誠，循循善誘。這固然不錯。然而，問題實不只在於此。

教書猶如教拳，教生徒練一套拳，並不太難。反覆教習，糾正姿式，自能熟練各種招數套路。隨套式演練比劃一番，亦可以有模有樣，煞有介事。一般所謂教與學，不過如此。此何難之有哉？但談到治學方法，卻不是這個層次的問題。比如習拳，誰會去追問這一招那一式，爲何是這樣？這一套拳又是怎麼創出來的？照著拳套，一式式演下去，當然不難，但若猝然應敵，何時宜用「黑虎偷心」，何處須使「白鶴亮翅」，便費斟酌了。

這才是治學方法之難以言傳處。現在一般談治學方法者，不過是拏著語意、邏輯、版本、校勘、歸納、分析、比較、量化等，講些套式罷了。這算什麼治學方法呢？學生學了這些，不過如練拳的人學了幾個套子，表演表演還可以；一旦應敵，弓也不弓、馬也不馬，手忙腳亂，哪想得起什麼「高探馬」、「攬雀尾」？如果更問他演繹法與歸納法是怎麼來的？他爲什麼相信歸納法及史料考證在文史研究上是必須而且有效的，則大半瞠目結舌，未曾想過。勉強要答，也只能說是書上如此說、老師如此教、大家流行這麼做而已。

但治學方法不是只去教人學一些套式。乃是要教人創拳之法；乃是要人去思索太極拳爲何不同於八卦掌，它們依據何種原理，而被創造成如此兩種拳。更重要的，對我來說，它們提供了什麼，使我能發展出屬於我自己的這一套。

如不嫌我擬喻不倫，這樣的譬況不妨再繼續下去。——事實上一般所謂學習，都是拿自己的生命去就那一個個套子。所以，你入了劈掛門，就得學猴拳，而且只知道猴拳，以爲所謂拳術就是大聖劈掛，大聖劈掛門的武術可以應付一切攻擊。大家似乎並沒有想到，自己這樣的身材、性向，對武術的看法，是否合適去學猴拳。而如果猴拳可以對付一切攻擊，那爲啥又有其他各種拳？

這就是說，當初創立這套拳的人，是依著他對自己身材、能力的衡量，以及他所特別關切的一些問題設計，才建立的一組答案。學拳的人，不是呆呆地機械式地去演練一套拳，而是要由掌握其拳理拳意中，發現搏擊的道理，並依自己的需要，發展出自己的拳式來。

這個道理，說來簡單。然學界中人至死不悟者，豈不正在於此乎？學界亦有學派，每派也都有他們的套子。講結構功能理論的社會學家，分析什麼東西，都是那一套。依賴理論來了，乍見新鮮，定睛看去，仍是套套。我們的學者，根本不考慮自己的文化背景、社會狀況，各人出國去拜在各派拳師門下，學那一套拳，學了回來便大演特練，自鳴得意，批評別人的拳根本不叫拳，因爲不符合他自己這一派人對拳術的基本認定與特殊關懷。

此「捨己徇人」之爲學途徑也。滔滔學壇，莫非此風。吾獨期期以爲不可。但連我自己的學生都幾乎聽不懂我在說什麼了，我還能再固執地認爲我才是對的嗎？我越來越爲此感到糊塗，豈不宜哉！

八十、一、十三《中華日報》

寬容

自由與民主的社會，其信條在於「我雖不贊成你的話，但我抵死支持你有發表你意見的權利」。

房龍（Hendrick Willem Van Loon）在《人類的解放》一書中，曾把這種精神界定為「寬容」。他引用《大英百科全書》的定義，說：「寬容：准許他人有行動或判斷之自由。卽對於一己的，或一般人所公認之行徑與見解，予以心平氣和地，不執偏見的容忍。」

他這本書，寫的就是寬容精神的發展，以及人類歷史上因不寬容而帶來的災難。例如諸宗教間不相容的戰爭、神學對於科學的壓抑、大革命時期的偏執……等等。這些偏執，一方面宣揚博愛，自命為道德與慈悲的守護者；一方面卻又竭力維護那種把同志跟外界隔絕起來的頑固精神。結果當然不難釀造一幕幕悲劇。

他講得當然很對。在這個時代，此說雖已為陳腔濫調，然猶不失為對症之藥。政治與社會，整天喧囂不安者，豈非彼此皆乏寬容之精神乎？

據此而言，提倡寬容，實在是極正確的。但寬容云者，眞是至理名言？

寬容是准許他人有行動和判斷的自由。可是我們難道要抵死支持某個神經病說地球是正方形的嗎？某君硬要宣揚吃安非他命是修證天人正果的無上法門，我們是否也得欣然寬諒？對於公然在火車站月臺上做愛的行動，大家能不能心平氣和地容忍呢？

諸如此類問題，都不是無聊的。我的意思是說：寬容，其實是一則輔助性的原則。寬容本身不能成就什麼，本身也無意義。因爲事實上我們不可能提倡一種濫無標準的寬容。

我們的文明，並非建立在寬容上，而是靠著不寬容，才能成就的。例如人的教育，只能是不寬容的，一加一等於二，不能任你認爲是三或是五。只不過，一加一有時確實會等於三，就像我們開玩笑說一男一女結婚便可能是一加一不等於二。碰到這類例子，就不能太過認眞，付諸一笑可也。此一笑，卽寬容之精神。所謂寬容，就是人生這一笑，讓人放鬆。因爲那不可寬容、不予假借的東西，有時讓人太過緊張僵硬了，必須靠著寬容，給人一些從容嬉戲的餘隙。所以它是消解的性質，卻乏正面成就人生的力量。

其次，寬容只存在於人與人之間，對自己則實無寬容可言。

而卽使是人與人之間，守死善道、擇善固執之精神，也往往與寬容相牴觸。

且我們更應當知道：光支持別人發表言論是無意義的。人說話，不是只爲了吐氣成聲。任何言論都希望說服他人，都有強迫他人接受其見解的意欲，所以縱使只是各說各話，亦是力量的交鋒、言辭的爭鬥。不贊成說話者的意見，事實上就是抹煞了他的言論價值。在這種情況下，標榜讓旁人說話的寬容，其實僅有形式或儀式意義，維持人羣交往的禮貌，使勿形成具體的衝突而已。《菜根譚》曰：「徑路窄處，留一步與人行。滋味濃的，減三分讓人嚐。此是涉世一極安樂法。」所謂寬容也者，正不妨做如是觀。

對於我這種謬論，你應該也會寬容吧！

八十、五、四《中華日報》

豪賭族人

人世間許多名號稱謂皆無道理可說。例如畢卡索在西班牙時，曾參加一個名爲「四隻貓」的俱樂部。據說此乃因該俱樂部時常聚集在「四隻貓咖啡店」而得名。然創辦該咖啡店時可能是四個人，後來藝術家會集而成一俱樂部，人數便不止四人，爲啥還叫四隻貓呢？又何以是四隻貓而不是四條狗呢？後來畢卡索到巴黎，設立了一間畫室，名叫「洗衣舫」，也是莫名其妙。蓋在其中本不洗衣，而是爲了作畫。以畫室而稱爲洗衣舫，名實不符，不知所云，實在是顯而易見的。

舉此二例，即可以知人間許多招牌、標籤，皆經不起推敲，隨興而造，因緣相推，原不必多所探究。本書名爲《豪賭族》，亦屬此類。

舊時嘗有一小文，謂：「夸父逐日之心，人皆有之，倘或眞是個天生的笨蛋，倒也罷了，沒錢的人，雖想翻本，亦無機會。苦就苦在明知不會贏，手裏卻還有點銀子，不去試試，不肯甘心。」賭徒自喻，聊抒感傷。想是這既自負又自傷的譬況，觸動了某些友人的心事，頗令他們也心有戚戚焉，竟因此而甚爲嘉許我這種虛擲生命、快意一搏的豪情，認可了我做爲一名賭徒的資格。楊樹清替我編這本散文集，也卽以此爲名。

然而，賭則賭矣，卑微的生命，縱使全力拋擲，也極寒傖，「豪」是談不上的。且「賭」，只是一種行爲的描述，賭徒卻有許多種，因爲爲何而賭各不相同。有人爲錢賭性命，有人爲愛走天涯。友人既許我以豪賭之名，不禁令我掩卷自思：我到底在賭什麼、爲何而賭？

言念及此，實感悽惶。吾少也賤，故多能而鄙事。許多雜事瑣事無聊之事，皆能之且好之願一賭之，旁涉泛濫，遂致一事無成。徒有拋擲生命的豪情，卻不知爲之神魂傾倒、願一搏命者，究係何物。偶爾痛定思痛，立志玄遠，揭櫫偉大高明之理想以自程勵，又常不能淡泊自守，無法持之以恆。以致大言矜誕，屢驚時目，而亦自驚自詫，困駭莫名。

這些都是生命的病痛。雖已了解，無力湔祓。僅能沈溺於其中，享受一切虛擲生命的樂趣與哀傷。我是這麼樣的懦弱，思之也覺得可驚了。

因此，仔細翻檢一下本書所收輯的文章，便深切感覺到這些都是生命的浪蕩。每篇文章，都如擲出去的骰子，有時帶著歡呼，有時引來嘆息，擲者心慌，觀者鼓盪。揮霍中當然不能說毫無意義，但畢竟談不上有什麼偉大的價值。若說其中包含了一點對人世的諷嘲、表達了一點對時局的看法、提供了一點對社會的批判，那也是賭徒浪蕩子玩世不恭者應有的品德，既無眞知灼見，亦很難冒充爲正義之聲，正如賭場裏的喧鬧滑稽，稍可愉情快意，共慰人世之寂寥耳。書成，草草序之。時在民國八十年七月三十日深夜。

《豪賭族》自序

國王的大道

希臘曾有位國王叫托勒密一世，他想向歐幾里得學數學，但又覺得按部就班地學，實在太慢了，他急於追求結論、盼望迅速成功，所以他問歐幾里得：有沒有一條比較短、比較容易學習幾何學的道路？歐幾里得只好答道：「在幾何學上，沒有國王的大道！」

後來馬克斯在《資本論》法文版的序文中運用了這個典故，說：「在科學上沒有國王的道路。」

他講這句話時想必深有感觸。因爲他流亡至英，窮途潦倒，每天耗在大英博物館裏，鑽研文學物理法政及數學化學等等。據知他讀書之摘錄便密密麻麻寫滿了五十本筆記本，達三萬頁。他所收集與運用的資料則重達數噸。殫精竭慮，方成此一鉅構，這條路走得當然頗不輕鬆。回首舊業，想必於蒼涼中又有點自負，也有點兒喜悅。

我不喜歡馬克斯哲學，認爲馬克斯走錯了路。但每每閉目沉思，便彷彿看見他在路上踽踽獨行、奮力跋涉的景象，爲之感動敬畏不已。

在我們生活的世界裏，空口說閒話的人太多了，肆口講大話的人也太多了。且不說那奔競於祿利之途的庸庸之輩，即連有志於學術者，亦多是閒散浪蕩，卻妄想一步登天。

我們這幾年，凡在校園裏教書的朋友都覺得：學生的自主權與自主意識越來越大，他們所獲得的福利與照料越來越多，可是程度越來越差、越來越不用功，總想一步登天，立刻成功成名。而那些教書的朋友們，據我之觀察，似乎距眞正努力的標準仍有不少距離。大多數人仍未泡在圖書館或書齋中，仍然難得繳出對得起良心的論著報告。我們的文化界也因爲如此，而顯得缺乏活力。在政治經濟的浮媚喧囂氣氛裏，展現不出力量。

或許我們不必拿歐幾里得或馬克斯來比，就拿我們文學上的前輩來看，似乎他們也比我們用功。

例如郭沫若、郁達夫、成仿吾、張資平等人辦創造社，出版《創造》。幾個人要維持一個刊物的稿量，確實是不甚容易的。但他們不只是辦雜誌，更出版了許多叢書。如創造社叢書的廣告詞便自詡：「本叢書自發行以來，一時如狂飇突出，頗爲南北文人所推重，新文學史上因此而不得不劃一時代。」

口氣好大。可是他們有理由矜喜。因爲他們同時翻譯了許多外國文學作品，編爲創造社世界少年文學選集、創造社世界名家小說集。另外，搞小說的張資平，卻著有《沖積期化石》、《海洋學》、《地球史》、《人類的起源》。郁達夫除了頹廢沈淪，也著有《社會學》。成仿吾，在文學之外，則伸出另一隻手寫了《工業數學》、《漩轉氣機》。

這批創造社新智叢書和創造社科學叢書，我相信談三十年代文壇掌故者很少人會注意到，也很難把他們的文學作品和工業數學之類聯想起來。不過這沒有關係，我們不妨猜想他們是爲了提供國民文學之資糧，故大力譯介外國文學作品；爲推動社會改革與推廣科學知識，故編撰科學叢書。此雖未必如文學創造一樣，嘔心瀝血，卻也仍是費力經營的。

我們現在，單純爲某些理想而編刊物、弄出版的朋友，日漸少了。想要由幾個人撐起刊物寫作及著述行銷大業，且涉及文學、社會學、科學諸領域者，幾乎更是不可能的事。平常談起文學、談起學問，我們常不把郁達夫、成仿吾和郭沫若看在眼裏。然若就此觀察，則又不能不佩服他們，而深自愧赧。

在科學的領域中，有時我們會誇張了頓悟的佳話，如泡在水缸裏悟得了阿幾米得定律，坐在樹下被蘋果打中而知曉了地心引力等等。在人文世界，我們也艷稱天才和際遇。可是實際上，除非天示奇蹟，否則便無速成與廉價可說，辛勤的汗水，澆灌著值得後世嗟賞的花朶。沒有什麼是國王的大道。

八十、五、十二《中華日報》

知識的翅膀

人通常只是依著本能來過活的。寒則欲衣、饑乃覓食。自原始時代以迄今日，衣衫和飲食固然由粗陋逐漸精緻豪奢，但其爲本能所驅使則一。這種生物性本能，雖或常爲人所憎惡，因爲沒有人能够擺脫其宰制與驅使；卻也是人生一切存在的基本依據，不能小看了的。

曾有生物學家做過實驗。把初生小鷄仔細養著，不讓牠瞧見老鷹。養了一陣子放出去，由母鷄領著覓食。再從空中放出一隻木刻的老鷹出來盤旋。此時，小鷄立刻驚恐惶急地鑽進母鷄翅膀下，母鷄也立刻做出準備作戰的姿勢，預備和老鷹一搏。這個試驗，也許說明了生物間可能有一種本然的對待關係，如貓之攫鼠、如鷹之擊兔，不待學而後知之，出諸本能，不得不然。心理學家也將這個例子視爲解釋「種族集體潛意識」的一部份理由。認爲所謂本能，或許有些卽是該族類早期記憶潛存於意識中，遂影響該族類之行動者。

我們的行爲，當然有一大部份是受到這類本能之驅迫影響，但這其實並不那麼重要。心理學家與生物學家只是把這些我們已經習焉不察，或誤以爲業已超越於此一層次了的東西，重新揭露給我們看，再一次論證人仍具有生物性，仍常依賴本能來過活罷了。可是，如果人只是依賴本能，那人與小雞老貓又有啥不同呢？人的特性，事實上不在其生物性本能，而在其能在生物性本能以外，養成依經驗過活的本領。

我們看白玻璃窗上急著想衝出去的蒼蠅，牠不管撞多少次，都不會得到「此路不通」的經驗。牠的本能只讓牠能分辨光，於是牠就朝光亮的地方飛去，撞著了也沒法子，只能繼續撞。老鼠便聰明得多。在迷宮中，凡遭到電擊處，牠已能學習著避開，故終能走出迷宮。這就是經驗，所謂「不經一事，不長一智」，非本能所能提供，必須在事上磨鍊。這種憑經驗應付生活的本事，許多動物也有。但人能依經驗不斷重構社會，經驗本身也會持續增長累積。這是一般動物辨不到的。

這其中需要一個重要的轉換過程，那就是將「經驗」轉換爲「知識」。

不能轉換爲知識的經驗，是內在的、孤立的，不能與人交換傳遞，所以也不可能增長。例如莊子所舉那個斲輪老人的例子，自認其技藝「得之於手，應之於心」，縱使是面對親兒子也無法傳授。我們不否認許多經驗確是如此，但幸而不是所有的經驗皆是如此。某些經驗，是可以「學習知識」這一間接手段來取代直接領受之歷程的。此雖非親聞實證，然人生有限，原本無需事事躬親體驗。猶如知雷能殛人者，不必亦去曠野等候雷殛，始能證明雷電果然能够殛人也。

靠著知識，傳遞經驗，又積累並印證經驗，人類社會乃能夐絕超離於萬物之上，展開多面向的發展。這是人的社會之特性，提倡反璞歸眞者，每每刻意貶抑此一特性及其價值，如《菜根譚》云：「至人何思何慮，愚人不識不知，可與論學亦可與建功。唯中才之人，多一番思慮知識，便多一番臆度猜疑，事事難與下手。」這是有激之言，不能當眞的。試想：不識不知者，焉能與之論學？人只有靠著知識的翅膀，才能飛出黑暗。一切反智論，縱使陳義高夐，終非正道，此其一例耳。

八十、四、二十一《中華日報》

生命中的輕與重

我常想寫部大書。

這部書，應該是體系嚴飭、結構緊密、包蘊深廣，且對世界有所貢獻的。懷此夢想時，我腦海裏常浮現的，是馬克斯的《資本論》、黑格爾的《美學》、康德的三大《批判》之類，煌煌巨著，震鑠一時。

懷此夢想，一方面是來自時代的憤激與感傷，覺得近代知識份子多半浮華無根，未能專心向學，故在學術上無甚建樹，故宜有人起而雪恥。自己雖然淺薄駑鈍，卻不能不以此自勉。另一方面則是早年讀書的經驗，養成了我這個念頭。

我曾有一段時間，對晚清學術史下過些工夫，也永遠不能忘記那段日子裏心靈上所受到的啟發與震撼。因爲晚清諸子，身當古今、中外文化交衝之際，曠觀綜攝，格局特爲開潤，其治學多以宏博見長。幾乎任何一個人站出來，都是融經鑄史，兼治金石書畫，詩詞歌賦、宗教與邊疆史、時政與掌故等等，亦無不精貫。

當時我學問甚淺，讀龔自珍、康有爲、梁啟超、章太炎、劉師培諸人書，眞是驚其浩瀚，佩服得不得了。後來讀書稍多，漸知別擇，治學略有規模，亦不盡從諸先生矩矱。但這種堂廡濶大的治學風格，卻對我影響至深，以致讀書用思皆極駁雜。

我當然曉得，駁雜到氾濫無歸，像我現在這樣，是不太好的。治學之道，貴在雜而有統，故應將所學所知，予以條理之，例如：勒成一書。那便庶幾乎可以達到博大的境界了。這是我的理想。這個理想對不對呢？有時我也不免會懷疑。因爲爲了這個理想，我放棄了許多休閒和娛樂，用思甚苦，而學問卻也未必有什麼長進，反而把生活與生命弄得極爲枯澀緊張。

有天，我去朋友家，偶見他案頭有一册《哥德對話錄》，隨手翻到其中一則，記載哥德說：「你不要寫什麼大著作——有最豐富的才能、做最眞摯努力的人們，都曾爲此苦惱過。我也是如此。」爲什麼呢？他認爲我們每天可能都會有些思想與感情，強烈地從內部迫使我們把它寫出來。但假如我們一旦決定寫個大作品，任何東西就都不能在它旁邊生長了。一切思想都要暫時擺開，生活本身的寬裕也失去了。而且，要把唯一的、大的、整體的東西，長期放在心裏安排著，不曉得要耗費多少精神，每天都要活在緊張之中了。所以他建議：不要輕易企圖寫大著作，而應當敏感地寫隨時的感觸；不要被沉重的負荷，壓垮了生活的寬裕。

這讓我想起《菜根譚》裏所說的：「士君子持身不可輕，輕則物能撓我，而無悠閒鎮定之趣。用意不可重，重則我爲物泥，而無瀟灑活潑之機。」所謂用意不可過重，大抵也就是哥德所說勿使生活失了餘裕之意。他們這樣的講法，大概也頗有道理，或許，我們可以再想一想這類生命中不可承受之輕和之重的問題。

即使做學問，可能也需要一點瀟灑與寬裕。

七十九、九、十九《新生報》

與未來訂個美麗的約會

計畫的觀念和做法，古代並不流行。中國人雖常勸人立志，訂個長程目標，卻很少依時間架構去規劃達成這目標的一些步驟。元明理學家開始有「讀書分年日程」的設計，可是只偏於求學，而非人生的流程企畫。然而，古哲有言：「人無遠慮，必有近憂。」遠慮也者，事實上也就是對未來的思考。講究的是未雨綢繆，而不希望弄得土崩魚爛……。

近代思想潮流中，特別強調並發揮這種觀點的，當然是未來學了。未來學是研究未來的學問，但未來根本還沒到來，如何研究？其實未來學即「預見未來」之意，要我們能預先測度未來世界可能的發展而先做準備。不過，我們並不是預言家，又怎麼能預測未來呢？這就涉及計畫的觀念了。

一般人都有個錯覺，以爲目前的事才好掌握，未來長久的問題則不易著手。其實，對眼前的問題，我們的決定和行動，對它都不太能產生什麼重大的作用。因爲現在是過去的累積，非一朝一夕而成；因此當問題形成後，自然也就不可能迅速地解決。例如臺北內湖的垃圾山，是二十年來逐漸堆積起來的，無論誰來當市長，能立刻把它變成平地嗎？相反地，我們對未來的事，卻常有巨大的影響力，所謂種瓜得瓜，種豆得豆，你希望未來得到什麼，端看你現在怎麼辦。因此，所謂預見未來，實際上乃是透過我們的設計，希望將來能達成的未來，而非坐以待斃的未來。

換言之，未來是個變數，依我們對它的規劃不同而顯現各異的內容。所以未來學者托佛勒就提出了一個「未來意象」的說法，說我們的現在一切做爲，也往往依我們對未來不同的期望而異；倘若缺乏未來意象，不曉得將來要幹什麼，那現在就只好渾渾噩噩了。

楊樹清當然不是未來學家，因爲未來學在西方的思想文化脈絡中，另有一套與末世論相對的哲學基礎。但他參與《未來》雜誌、《新未來》雜誌，寫一專欄名〈未來的路〉及〈新未來的路〉，又把這本文集稱爲《生涯企畫書》，可見他深具未來觀，對人生的問題，能透過較長遠的視境去觀察，也希望能替生命開拓新的未來。

當然，楊樹清也不是如此理性的人，他的未來憧憬，實際上頗有些浪漫氣質，生涯企畫，只不過是與自己訂個美麗的約會罷了。至於他的糊塗，似乎也並不擅於計畫人生。幸好，他只是小事糊塗大處精明，生涯企畫這本書也不是要指導讀者照著他的辦法去做，而是提醒大家重視生命，開發生命的資源，規劃自己生命的藍圖，爲自己開創一個美好的未來。

楊樹清《生涯企畫書》序

搜中國文化之鬼

某書生，寄居城郊荒寺，秉燭夜讀，忽有一麗人來，自薦枕蓆。……

這是中國鬼怪故事常見的結構。故事之淫艷清新、悲歡離合，固然甚爲不同，然女鬼夜至、雌狐宵奔，幾乎已成格套。

對於中國鬼怪故事這種格套，我們該怎麼解釋呢？王溢嘉先生的新著《聊齋搜鬼》，提供了一個新穎而又符合現代人想法的解說。

他認爲中國人對人性的看法，其實已經注意到人性也有其陰暗面。這些陰暗面的邪惡慾望，在一般社會生活及倫理教化體系中，是被壓抑的。可是它也只是被壓抑而已，並未消失。它仍需要宣洩。所謂妖狐鬼魅，即是中國人宣洩其邪念的一個管道。換句話說，某書生夜讀時，看到一位美麗的女子來要求跟他性交，其實是指男人對女人的性幻想。宣稱自己是狐或女鬼的女子，也可能是在長期性饑渴與壓抑之下，假託爲鬼爲狐的奔女。

這種佛洛伊德式的解釋，或許也有一部份理由。但假若我們從另一個角度來解析此類故事，可不可以呢？

王溢嘉這本書，副題爲「搜索中國文化的幽靈」。他想追究的不是聊齋之鬼，而是在中國文化中被正統、儒家、禮教所壓抑的幽黯意識。他把心理分析理論中「常態／異常」「正常／病態」的架構，鈎聯到中國文化「正統／異端」的判別上。所謂正統，是指儒家禮法倫理所代表的理性或禮教社會；異端，則爲此類「子不語」之怪力亂神現象。《聊齋誌異》既是談狐說鬼，自然是異端的總匯了，分析這些文學作品，遂被他自稱爲：「剖析神秘經驗的文學病理。」

然而，把儒家視爲禮教森嚴的理性正統，是五四運動以來的偏見。中國文化能不能以儒家爲正統，儒家是否壓抑性慾、歧視女性、不語怪力亂神，都是值得爭論的大問題。

中國文化是很複雜的，儒家也是。孔子固然「不語怪力亂神」，但中國人關於魂魄、鬼神、黃泉地府、氣運、災異、定命……等觀念，基本上都得自儒家經典。後來佛教道教，只是補充強化之而已。儒家講禮，最重視的其實是喪禮和祭禮。這種強調祭祀的宗教性格，自然會提出各種「招魂」儀式及對死後狀態的描述等，影響深遠。

同理，講禮法的儒家，在《周禮・禖氏》中說：「中春之月，令會男女，於是時也，奔者不禁。」禮法規定男女在思春期是可以也必須擇偶交配的，並不禁止淫奔。另一條禮法，《禮記・月令》又言：「仲春之月，以太牢祠高禖。」高禖乃主婚媾繁殖之神。儒家的祭祀宗教性格中，即有對於生殖神的崇拜，所以要用最隆重的太牢禮祠祭高禖。祭時，天子更要做一模範榜樣，先御后妃九嬪，以示生育。像這樣，把性交生殖視爲國典、著於禮法，能說它是壓抑性慾的文化傳統嗎？

正是在這種高禖崇拜的文化中，我們才會有女郎夜來伴宿的傳統。這就是宋玉在〈高唐神女賦〉中所提到的「神女入夢」。楚襄王遊於巫山，夜夢神女來，自稱爲上帝之幼女，自薦枕蓆。這件事，成了後來中國人意識中的「原型」、集體潛意識。李商隱詩所謂：「一自高唐賦成後，楚天雲雨盡堪疑。」即指此而言。高唐，就是高禖，郭沫若、聞一多等人均有考證。這個傳統，也對中國文學作品深具影響。不論爲紅拂之夜奔，抑爲鬼狐之宵至，皆屬此一原型的變貌。

以上的說明，至爲簡略，但大致已可看出：將談狐說鬼視爲中國文化裏的病態、異狀、被壓抑的一面，可能並不正確。病理分析，所適用者甚廣，然以此搜中國文化中之鬼，則尙未必能奏效也。

七十九、十、十七《新生報》

太上老君急急如律令

道士畫符，和尚念咒。在《法苑珠林》裏卽有〈咒術篇〉，宣稱神咒的功能，可以拔蒙昧、起正信、消災障、增福慧，也可以碎石拔木、駕馭鬼神。

這些咒語，據說皆爲「三世諸佛所說。若能至心受持，無不靈驗」。如果不靈，那一定是唸誦者誠心不够，要不就是唸音不準，「或飲酒啗肉，或雜食葷辛，或觸手汚穢，或浪談俗語，或衣服不淨，或處所不嚴」。總之，是你自己不好，所以咒語失靈了。

又，咒語雖爲佛說，佛卻非中國人。中國人唸咒，便得學梵文，照著梵音唸，才可能有效，佛雖普度天人，在語言問題上，卻是個種族主義者哩。故佛弟子「仍須師授之，音韻合梵，輕重得法，依之修行，剋有靈驗」。

這兩點都是極有趣的。一切咒語，都屬於語言之靈性崇拜，相信某個句子、某個字，或某一段文句具有神聖法力，掌握了這幾個句子，就能超災度厄、移山倒海。這段字句，其所以如此神秘，原因之一，就是它常用一般人聽不懂的音腔聲調來誦講。例如堅持使用古音、印度梵文、使用某一地區之方言等等。臺灣有些術士，主張請神降眞時，一定要用客家話，就是這個道理。如果他們無法另用一種方言或外國話，也一定會變音易讀或加上某些套語，使得整個咒辭顯得神秘尊貴，莫測高深。當然這也是不得已的，因爲倘若譯爲常語，咒辭實在空洞平淡得很，有時甚至是插科打諢毫無意義的文句組合。像道士們運用隱身法術，把自己變成一隻鶴或一棵草時，要唸「紫芝靈舍咒訣」。這個咒語有什麼神秘呢？它說：

左手斗訣，右手劍訣，步前罡法。
萬化叢中一棵草，其色青青香更好。
神仙採取在花籃，千萬變化用不了。
吾令法練隱吾身，縱橫世界無煩惱。
行亦無人知，坐亦無人見。
遇兵不用驚，遇賊不用拷。
護道保長生，相隨白鶴草。
吾奉太上老君，急急如律令，勅。

除了第一句及最後一句是道教做法之套語外，中間根本是一首再普通不過的歌謠罷了。歌固然寫得很好玩，可實在沒啥神秘。

這種語言崇拜，並不只存留於宗教中。讓我們想想活在我們周遭的語言崇拜幽靈吧。高級知識份子之間，開口閉口，總要夾雜幾個洋文單字或偶爾來上幾句番話。醫生開立處方，也必用洋文。你批評他，他便說這些名詞術語無恰當中文可以譯意。其實此非不能譯，乃不願譯也。蓋此類洋文術語，與玄奘當年「五不譯」之一的咒語梵音，作用從同。

譯成中文，原極尋常，豈尚能令人生敬仰而起正信乎？至於外國原文圖籍，更是屬於整段整本的咒語，大家穿穴講貫，寢饋其中，謂其能發蒙昧、消災厄。但真把它譯成中文，大家看看便覺得那也不過爾爾。

另有一班朋友，則朝相反的方向去搞語言崇拜，把某種方言神聖化：例如主張本土化或臺獨的先生們，爲展示其本土文化與精神，堅持使用「臺語」。這「臺語」，在語系上固然就是閩南語，但絕不能稱它爲閩南語，否則便會「混淆了臺灣與中國的關係」；且這臺語亦不包含在臺灣居住人民所使用的語言。乃是選擇並神聖化、圖騰化之後的另一種方言。不懂這套語言，即被視爲非選民。在某些場合，此種語言亦具有催眠及起乩降神的功能。

在大陸，馬克斯主義本來就是另一套西天佛說。過去我國知識份子認爲誠心誦持，方能拔蒙昧、消災厄，解度中國人一切苦難，因此凡事皆依此經典而行。配合《毛語錄》，每天誦念，虔誠持咒，已四十年矣。然四十年來，災業越來越重，碎石拔木，超英趕美的結果，令人不勝唏嘘。故有識之士，不免又對這套咒語信心動搖。

但對此信心危機，許多人的思考方式仍是《法苑珠林》式的。怪唸咒者誠心不够、怪中國社會條件太差、怪中國傳統有問題、怪中國人具劣根性，獨獨不肯相信這咒語可能只是一篇哄人的「紫芝靈舍咒訣」。

時代據說是不斷在進步的，然而我們恐怕很難看出人類在語言崇拜的態度上有何進展。

八十、五、十九《中華日報》

救世真言

平日坐車或走路時，我們的視線若稍有餘閒，不那麼急匆匆氣咻咻地趕路，便不難發現路邊牆上或路燈桿上，總會掛上一些牌子，或者噴漆刷上標語。這些東西，包涉範圍廣泛。除了已嫌過時的反共抗俄字樣外，上自房地產買賣、星曆卜相，下至抽水馬桶修通，可說是應有盡有。其中不乏佳作，可駐足略觀，偶發一笑者。

這裏面最特殊的，是帶有勸世警世意味的箴言，以及只標宗教主神名號的招貼。例如「南無阿彌陀佛」「南無觀世音菩薩」「南無地藏王菩薩」「苦海無邊，回頭是岸」「神憎恨抽菸」「神愛世人」「太上無極教主李大哥」……等等。

從前我有一位朋友，參加報導文學獎徵文比賽，去統計了學校裏各廁所上的塗鴉，大獲贊賞。我有時也不免想東施效顰一番，很想抽一天空，將我家旁邊那條馬路上這類招示抄輯起來，做些分析，一定非常有趣。

比如說，我會想，這些招牌都是些什麼人掛貼的呢？他一處處貼掛神名，是不是能帶給他什麼樣特殊的快樂或滿足感呢？或者，他是想藉著掛貼這些佛號神名，達成什麼社會功能嗎？

依我看，此類招貼，與搬家公司或通馬桶公司的廣告不同，因爲它並未附上天國或佛陀住處的地址電話，故顯然並非意在招徠，亦無牟利之嫌。它們頂多叫人常念佛號，且謂念佛喚神，有益身心，能消災業、增福慧耳。這就不是廣告，而是咒術了。

所謂語言咒術，是說我們運用語言的神秘力量，來達成某些神聖性功能。例如誦念某幾句話或某幾個字，就能消災解厄之類。我們如果相信那幾個字，縱使它語意不明、句式不完整，也無所謂，一樣可以具有神秘威力。像信觀世音的人，相信只要唸動「南無觀世音菩薩」這句話，觀世音就會趕來，尋聲救苦，消災度厄。信密宗的人，不會唸「南無阿彌陀佛」「南無觀世音菩薩」，他只相信他們密教的眞言陀羅尼，謂其具有大法力。唸動眞言，是否卽具此等神秘力量，我不知道。但對招貼告示的人來說，一定是有意義的。他們出於善心，感慨世道淪喪，故廣貼警語，懲頑警俗。

但這些詞語，大概也只對貼掛的人有意義。因爲這些咒術性語言，實際上只是在治療張貼者自己受傷的心靈而已。對異教徒及根本不信教的人來說，「天國近了，你必須悔改」云云，實在是胡說八道，不知所云。

而且，它們有些句子只是增強人們活下去的勇氣，並不期望解決問題；有些則根本只關心你死了以後的困難，而對眼前世界，無所縈懷。喊一句「放下屠刀，立地成佛」，其意義跟「反共抗俄，必勝必成」一樣，眞理倒是眞理了，無奈其與現實狀況沒什麼關聯。因爲我們反共抗俄至今尚未成功；而屠刀從未摸過，也未必便能成佛。

這樣說，並無譏嘲之意，乃是悲觀者百無聊賴的想法。我對任何宗教都十分敬重。畢竟在營營擾擾的人世糾葛中，能考慮到精神與靈魂的問題，無論其想法爲何，亦不管其所開立之藥方爲何、是否有效，它本身就是敻絕流俗、值得尊敬的。但是，宗教界或善心人士，如果仍依賴語言咒術，便想改善這個世界，恐怕跟西洋中古時期，教徒相信十字架可以辟邪一樣，除了騙騙自己之外，不可能達成什麼效果。想改善世界，應該使用語言咒術以外的方法。而放棄這種掛貼神名佛號的咒術性辦法後，世界一定可以立即獲得改善——至少，市容會立刻整潔些。

八十、一、六《中華日報》

背叛佛陀

佛教傳進中國兩千年了，金人入夢，白馬西來，教法流被於四宇，影響不可謂不深遠。但它在中國流傳越廣，它的危機感就越大。何以故？因為一個宗教，在社會中傳播發展，隨著歷史社會條件以及信徒對教義的體會不同，必然會逐漸形成一些演變。這些演變，對該教而言，卻可能意味著它正離異原始之教理教相。為了保衛原始教理教相，宗教本身遂又經常必須提倡「重返」的運動，重返原始經典、原先教主所說法。

佛教由西域傳入中土之後不久，即開始了這種重返運動。西行求法的僧人，即為重返佛教原生地的實踐者，意在獲得眞佛說也。最偉大的重返者，當然是唐朝的慈恩法師玄奘。玄奘對當時所流傳的佛教都不滿意，據他判斷，它們都不是眞正的佛教義理，所以他發願西行，歷經千辛萬苦，終於從印度取得大量佛經，譯成中文。他自己也依印度佛學而開立「成唯識論」一宗。

玄奘的偉大信行，是中國人永遠感念的。但他所宣揚的成唯識論思想，卻未對佛教及中國人產生什麼影響。佛教並未重返印度教義格局，而仍是照著中國人的方式繼續發展。慈恩宗，只傳了兩代，便銷沉了。

清朝末年，另一次大規模的佛教復興運動又展開了。

既稱爲復興，自然表示元明清這個階段是佛教的衰弱期。所以這次的復興，也是要重返。而且不只重返於唐朝的玄奘學，更要上追唯識古學。楊文會之後，如歐陽竟無的支那內學院，卽絕口不談藏密、禪、淨、天台、華嚴；且謂天台、華嚴興起後，佛法之光益晦，天台、華嚴、禪宗皆是俗學。中國許多經論，都因此而被判定爲僞經、僞論。如呂澂卽說：「中土僞書，《起信》而《占察》，而《金剛三昧》，而《圓覺》，而《楞嚴》。一脈相承，無不從此訛傳而出。流毒所至，混同能所，致趨淨而無門，不辨轉依，道終安於墮落。」措辭可謂峻厲刻峭矣。

支那內學院的態度，是力復印度之舊，但他們僅偏於有宗一路。另一派如印順法師，雖出自武昌佛學院，卻站在空宗的立場，依緣起性空，評破眞常心系統諸論，認爲中國台、賢、禪三宗都是依眞常心立論，遠於佛義，近乎婆羅門教之梵我說。

近百年來佛教之發展，最引人注目者，卽爲此回歸重返原始教義的活動，勝義精思，紛綸俱呈，眞可與隋唐比美。但返而不止，最近更有小說家宋澤萊，大談原始佛陀教義，批判印順。認爲印順代表「中國佛教」，違背了佛陀之原義。所以他寫了《被背叛的佛陀》等書，又辦了一些講習班、坐禪班，大力宣稱「臺灣佛教」應該拋棄「中國佛教」的那一套，回到早期經典，卽《阿含經》裏去，學習「四念處」等。

姑不論宋澤萊是不是「頭殼壞去」。我覺得這整個回歸重返運動本身就是錯誤的。錯誤的原因在於：㈠重新回到原始教義不可能。㈡重新回到原始教義無必要。

回歸原始教義是信教人的神聖性迷思。因爲眞理之所以爲眞理，依教徒看，其判斷不在這個理之是非高下，而在於是否爲教主所說：教主乃一切眞理之源，眞理只有回到教主那裏才有保障。這是信教人的信念，不能跟他爭辯的。但縱使我們承認這一點，也當知：⑴唯聖者能知聖，凡人非上帝，亦尙未成佛，其知解豈能如佛、豈與佛說銖兩悉稱？故今之知解，永不可能卽爲佛陀原始教義。⑵自解釋學之傳統說，我們亦已知「文本」乃一開放之場域，此中不可能有一絕對的、本然的、客觀的意義，膠執原義說，徒自苦自欺耳。⑶歷史社會文化條件不同，教義所提供予人之意義也自然有所不同。不同社會中人，求助於佛陀時，其人生問題不可能一樣，宗教要安頓諸不同社會、歷史中的各種人，怎麼可能不產生變化？

因此，不變化的教義是虛幻的、凝固的、無生機、無開展性的。佛教如果仍停留在佛說的階段，大眾部、上座部之發展固屬多餘，中國佛教、藏傳佛教亦皆可以不談。佛理遂不過爲佛陀及身而絕之物而已，歷史不必展開，理論不必推進了。如此言復興，復則復矣，豈能興乎？

歷史上最積極最偉大的重返回歸者，玄奘大師，也只不過回到唯識宗而已。但他這一派也只傳了兩代。這個歷史，希望高唱回歸進行曲者，能予以正視。蓋從師問道者，倘或墨守師法，尚不免有愧宗傳。學佛而不背叛佛陀者，亦不免有愧於如來。

七十九、十二、九《中華日報》

淨土上的烽煙

臺灣近些年來宗教力量之迅速蓬勃發展，已到了令人驚異讚嘆的境地。諸道場事業，無不熱鬧非凡。佈道說法，動輒吸引數萬人往聽，頗使我輩經常籌辦文化活動者咋舌。因爲現在舉辦一般文化講座、文藝營之類活動，觀眾及參與者皆越來越難招集；而宗教界教眾卻向社會展示了當代人無私奉獻、樂善好道的精神。其所謂「道」，固然未必能爲我人所認同，但其宗教熱情卻是令人感動的。分析臺灣社會，若忽視了這個活力充沛的力量，觀察必不準確。

不過，宗教越發達，教派之間的衝突也將越發激烈、複雜。每一派，似乎都確信它就是正法眞理的獲得者與護持者；也都相信它所宣揚的那一種正法，將來必定會消滅或消融其他諸「外道」，必將在世界上普獲遵行。

以現代最流行的佛教淨土信仰來說。早期傳入中國的阿閦佛東方妙喜淨土、彌勒佛淨土、阿彌陀佛西方極樂世界等，卽不能並存。阿閦佛淨土信仰早消失了；彌勒淨土信仰，也備受善導、道綽、迦才諸大師之排擠，而漸漸式微，或流入地下，化身於秘密社會之中。宗教中的宗派意識，眞是可畏哉！

但就是妙喜淨土，亦強調是「無外道異學之眾」，只有佛法。彌勒淨土及西方極樂世界，當然更爲純淨佛土，並無外道。因爲修梵摩長者已率八萬四千梵眾出家了。

據講淨土的朋友們說：現代美國之哲學家摩里斯在所著《開展的自我》中，探索人類走向美好生活究竟應該採取何種道路時，由歷史上選擷了十三種路向，徵求學生之意見。測驗的結果，選擇「彌勒之道」者，佔了百分之四十。又，美國文明批評家曼福特亦云：古代佛教所預言的彌勒時代，卽將出現在我們眼前了。……

他們常豔稱這類事例，以此重新堅定信教的誠心，相信淨土已不在遠。

但類舉這些事例是不具學術意義的。可以驚流俗，而不足供識者一哂，因爲它缺乏方法學的基本認知。何況，將來如果人類眞的達到了彌勒淨土，那又有什麼好？

彌勒佛是未來佛。彌勒佛出世，象徵佛法再度復興，世人得以聞法解脫。彌勒在龍華樹下說法三次，卽爲有名的「龍華三會」。這當然是極爲迷人的預告，使我們對世界及人類未來之命運，不至於太過絕望。然而，彌勒初會，度了九十六億人；二會度了九十四億人；三會又度了九十二億人。總計二百八十億。彌勒攝機之廣、慈心之大，誠然使人驚佩，地球卻未必能容得下這許多人哩！

現今地球有人口五十億，大家已經感到吃勿消了；未來彌勒淨土居然準備廣度兩百八十億，豈非河漢其談乎？倘或眞有這麼一天，必然是末法臨劫，人佛俱滅了。

佛教徒或許會辯稱：經典中所言之數字，不能泥看，宗教本來就常使用象徵性的語言。可是假如我們不相信彌勒度人之數字，爲什麼偏偏相信有彌勒佛呢？

這不是故意與淨土信眾爲難，而是因爲彌勒信仰不僅存在於佛教界，更深刻影響到現下臺灣各民間宗教。如一貫道、龍華會等，信徒超過百萬人，而皆奉彌勒下生之說。故特舉此彌勒淨土爲例，說明宗教裏的說辭，不必視同眞理正法。大家花盡氣力去宣揚、期待彌勒降生，世界大放光明；去爭論玉皇大帝是否已經退位，現在的教主是誰轉世，實在沒啥意義。佛教界也未必仍要爭辯往生法門究竟誰優於誰。彌勒淨土、阿彌陀淨土或妙喜淨土等，皆大乘佛教中本具之說，沒有必要非說稱名往生西方極樂是五濁惡世眾生唯一無二的教法。

我們應該切實明白：永遠不可能有消滅或消融世上一切宗教（所謂「平收萬教」）的一天，宗教越朝這個方向去努力，其結果就越糟。在民主化多元化的時代，信教人更應有平視萬教的心胸，相信自己的信仰，也尊重他人的信仰，不要再把「正法／外道」一類葛藤，橫梗心中。畢竟宗教之動人處，並不在獲不獲救之類現世福報和未來的許諾，而在於人世間對價值追求的執著與眞誠。我們常爲宗教徒之性行誠篤而感動，卻很少人搞得清楚教理教義間糾纏難理的論爭。我們欣賞更多的人爲各種宗教獻身，爲我們顯示社會上追求「超越現世存有」的精神，但宗派意識無論如何是該放棄了。

七十九、十一、十八《中華日報》

正教與邪教

討論我國明清時期邪教與正教的衝突。一般論者往往認爲「邪教」起於白蓮。倡言彌勒下生，宣傳否定現世王權的救世主降臨預言；配合著世人對社會現實的不滿，以及均產的願望、長生富貴的心理期盼，故往往起事反亂或革命，與政府不妥協。

當然，此類宗教常模擬世俗王權，分封官職。但基本上它們是與政權相衝突的。他們夜聚曉散，活動方式極爲隱密；他們禮拜聚會時，可能也因民眾有性平等共有的希求，而有男女混雜之現象。這些都直接衝擊了官憲體制和社會道德倫理秩序。其教徒奉獻，亦可能影響政府稅收。所以政府經常要查禁剿除之。

但政府並不如此對待「正教」，原因何在？

研究者認爲：中國古代事實上是個家族道德擴大而成的國家道德體系，所以中國的宗教也是皇權一元化的宗教祭禮型態。國家奉行儒教的典禮祭祀，如祭郊社、封禪等。凡不爲此一中央權力承認的地方民間祭祀，皆稱爲「淫祠」「邪教」。因此，國家權力——宗教——社會倫理秩序是一體的。外來或新興宗教，必須與政權妥協，如道教、佛教，在明清朝都甘心居於政權的從屬位置，由國家發給度牒、納入管理，並利用經卷及法會替王者祈福。另外，對民間供奉的無害於政權之神祇，王朝也可能予以承認，且授予封號。換句話說，民間新興的宗教倘若要獲得朝廷的承認，卽須經由以上這類途徑，否則便被判定爲邪教，會遭到查剿，成爲被迫害的對象。

這種講法極有見地，特別是指出了國家權力與祭祀權的關係。國家政權往往不只是政治權力而已，同時也掌握了教化權和祭祀權。民間新興宗教若冒犯或危及此一政治——教化——祭祀一元化體系，必然要受到壓制。

但利用這個觀點來處理宗教結社也是危險的，因爲此說至爲狹隘。

明清時期新興的地方教派，眞正涉及反亂革命或擁有反政權之政治傾向者，其實並無如此多。現在的研究，所根據的大多是史册中的教匪文獻。依據這些材料，必然使我們的眼光只集中在政教關係上，而且只集中在政教衝突面，所以得出了這樣一個印象，彷彿秘密宗教都是否定王權的團體，執政者也刻意鎭壓此類教派。卻未注意到：歷史上，特別是官文書及反教人士所批判的教團，不及當時存在者的十分之一。那些未被批判的教團，大多並不反對政權。卽使是被點名批判者，大多也未主張對抗皇權；他們被批判，往往是因爲受到誣陷或教外人士之猜疑誤會使然。因此，不是單純的「國家權力遭到挑戰」說，便能解釋這個複雜的問題。對所使用的材料與觀點，我們都有必要進一步反省。

正如研究者所使用的材料偏重於官方教匪文獻一樣，大部分的研究乃是以白蓮教爲線索的。但正因爲以白蓮教爲線索，所以很自然地便將一般秘密宗教類同於宣稱「天下大亂，彌勒下生」的白蓮教宗教性質。

然而，正如李世瑜所說：「白蓮教，明清兩代也只是在官書、奏摺以及某些著述中做爲民間秘密宗教的代稱，而各教派本身則沒有自稱爲白蓮教的。」（〈民間秘密宗教史發凡〉，《世界宗教研究》，一九八九，一期）卽使從前的統治者把這些教派含糊籠統一鍋粥地稱爲白蓮教，我們做歷史研究宗教研究的人，難道也可以如此嗎？明清各種秘密宗教，十分複雜，豈是一個彌勒信仰、一個白蓮造反的淵源，便能解釋的？

例如羅教，其《正教除疑無修證自在寶卷》第十八品批評白蓮教之拜月、燒紙、照水法等；第十九品又評破彌勒教、玄鼓教。當時人或許會說這只是掩飾面目之詞。現在來看，則羅教與白蓮教的不同，無論教義與教相，應該都是十分明顯的。又如黃天道，其教義宗旨及修持內容，雖亦參用佛家名相，卻是以道教內丹法爲主，與彌勒信仰的關係更淡。而且，乾隆二十八年四月十六日兆惠的奏摺曾說：「普明一脈，實爲諸案邪教之總。」（見《軍機處附錄奏摺》。普明卽黃天道教主李賓的法號）則我們若換個角度，以黃天道爲明清諸邪教的主線來觀察，似乎也沒什麼不可以。倘或如此，其政教關係恐怕就會與以白蓮爲主線者不同。因爲黃天道並不如白蓮教那樣，倡言「天下大亂，彌勒下生」，反而是要報皇恩、頌太平的。

因此，只以彌勒信仰來看明清諸「邪教」所引發的政教衝突，是不夠的。白蓮教的彌勒下生說，是否可以視爲各邪教的共同特色，我頗爲懷疑。

而且我們更應追問：許多教派並無彌勒下生之說，並不反政權，爲何仍被視爲邪教？又，佛教本身卽廣泛傳信彌勒淨土信仰，爲什麼淨土是正教而白蓮教便是邪教？

還有，如果僅從國家權力秩序這一面來看，邪教之所以被目爲邪，是因爲它們冒犯了或否定了現世王權；正教之所以爲正，則是由於它們甘於從屬王朝秩序。那麼，何以許多宗教結社努力與官府妥協，它們宣傳的倫理道德，也普遍吸收了儒家禮法規範，卻不能改善其處境，仍然被判定爲邪教？

這些問題，如未能合理地處理，我們便有必要放棄現在採用的這種簡單狹隘之觀點。但一般研究者對此似乎均未留意。只以這個觀點來看明清時代的正教與邪教，以致正邪之辨，只來自國家權力。

可是宗教上的正邪區分是極複雜的。不只佛教、道教及儒生批判這些新興宗教結社爲邪、官府指責它們是妖人，它們本身就自居正教，罵其他教派是邪教哩！從道教《太平經》、《老子想爾注》以降，顯正破邪，是各宗教一貫的態度，不只在佛教、道教內部如此，佛道交鬨時如此，佛道與其他新興教派間也永遠存在著這種正邪之辨。卽如羅教此類新興教派，也要「正信除疑」，攻擊佛道諸修行法門是僞技。可見正教與邪教的問題，不是用國家權力這個角度便能解釋的。至少，宗教內部對眞理解釋權的競爭與壟斷，卽比國家權力對宗教之壓制更有力、更根本地造成了正教與邪教的對立。中國「正統論」在政治和宗教、思想方面所造成的影響，也更值得探索。研究宗教史的人似乎不應該不注意及此，而只從王權的作用面談正教與邪教也。

綜合上述諸問題，我希望今後研究宗教史時，研究者能發展出更具反省力的解析模型。

七十九、十二、三十《中華日報》

神秘與科學

民國七年，魯迅曾有信給許壽裳，說：「前曾言中國根柢全在道教。此說近頗廣行。以此讀史，有許多問題可以迎刃而解。」依魯迅的看法，儒家在中國號稱主流文化，但其實影響面很小，只能左右一部分知識分子。中國文化的主要構成元素，影響一般社會最大者，應該是道教。佛教則根本談不上，僅有些浮面的光影而已。所以他說中國之根柢全在道教。其〈小雜感〉又云：「人往往憎和尚、憎尼姑、憎回教徒、憎耶教徒，而不憎道士。懂得此理者，懂得中國大半。」（收入《而已集》）

魯迅這種說法，並非恭維。乃是將中國社會之愚昧落伍，推原禍始，歸咎於道教也。道教那一套裝神弄鬼、燒丹畫符，兼及占卜、擇日、命相、堪輿、祭祀、奇門遁甲、圓光等等迷信，若不掃除淨盡，中國便無希望。

這不是魯迅個人的偏見，民國以來，凡自命為開明通達之士，誰不抱持這樣的基本態度？固然他們偶爾也去算命看相，居官置宅也總要講風水，但談起道教，仍是嗤之以鼻的。對中國社會上「愚夫愚婦」如此「迷信」，也經常表示傷悼或不屑之意。

陳榮捷《近代中國宗教趨勢》一書更直接，它宣布：道教事實上已經死了，沒什麼好研究了。此眞截斷眾流矣。然縱使近代道教無庸深究，古代道教仍是可以探討的吧？但試翻翻許地山、傅勤家等人的《道教史》，我們也會發現他們對道教的敵意。他們發掘史料、鉤稽歷史，目的乃是爲了揭發迷信的面紗，批判道教的愚妄。

這種近代知識分子的理性精神，有點接近西洋啟蒙運動時期對中古教會勢力的批判。西洋中古時期被稱爲「黑暗時代」。必須經過理性之除魅以後，始能解除魔咒，人自己用他的理性去認知世界，不再活在迷信之中。中國人似乎也必須走過這一段，否則就仍停留在咒術性社會裏，不可能現代化。

當然，中國的道路將比西方更艱辛，因爲韋伯的研究，告訴了我們：西方資本主義社會的興起，宗教仍然提供了強而有力的資源。喀爾文教派的禁慾型態，激發了教徒內在的榮耀上帝之感，直接促使資本主義興起。中國則無此幸運。道教只是原始巫術性的遺留，只有秘法傳授而無「精神」。因此，道教不可能提供中國進入資本主義社會的理性化力量。反而因爲有道教，中國社會的傳統主義氣氛，才越趨濃厚。

韋伯此類說法，對道教倒未必是雪上加霜。蓋道教若眞是巫術秘法，則西方自有一大批學者對此特感興趣。舉凡研究文化人類學、比較宗教、神秘學、靈學之士，皆視道教爲大寶藏，努力探究其靈異神秘的部分。西方本來就流傳著一種「神秘東方」的意象，道教正可滿足他們這種心理。民國以來，洋人研究道教反而比咱們自己有成績，原因卽在於此。

但二十世紀畢竟是個科學理性的時代，神秘學也不免要與科學結合。李約瑟的研究，開啟了另一種道路。他認爲儒家反對「奇技淫巧」，故無科學思想。中國的科學，主要是由道家的傳統來。道家的宇宙觀及道教徒燒丹煉養、採藥服食、導引吐納，是化學、生理學、植物學、醫學發展的根源。包括鑄冶技術，都是從道教徒鍊劍的過程中發達的。

這個觀點，對沈浸在科學主義中的二十世紀中國人，格外具有吸引力。近來海峽兩岸許多道教研究，都是基於這個觀點而展開的。道教，似乎藉此暫時擺脫了迷信落伍愚昧玄虛的汚名，搖身一變，成爲具有科學與技術的一羣方士組合，且對我國過去光輝燦爛的科學技術史，貢獻卓著。

神秘與科學。以上這兩種研究路向，看起來似相矛盾，其實融合得很好，它使得道教的科技，擁有現今科技所無的神秘色彩。

許多人相信，道教不只對過去的科技史有貢獻，更可能對未來的科技有幫助。現今科技的發展，仍不能充分解決人類的老病死諸痛苦，神秘而又科學的道教，也許還藏有若干奧妙，有待破譯。一旦豁然通解，則必可濟現代科技之窮。所以才會有像大陸上猛印《道藏》中的養生經籍、各種氣功秘笈與道家功法大行其道、鑽研針灸經穴蔚爲風氣……等一類現象。臺灣沒有大陸那麼「熱」，然相去亦不甚遠。

仔細觀察道教在民國的遭遇，亦可懂得中國近代思想史大半。

七十九、十二、十六《中華日報》

重新認識環保

人類創造文明，但也同時詛咒著文明，對現世的成就，覺得自傲；也鄙夷這些成就，視爲桎梏。

例如在聖人讚嘆周朝的文明美盛之際，老莊卻發出了「絕聖棄智」的呼籲，要人回歸於文明的嬰兒狀態，提倡小國寡民、鷄犬相聞而老死不相往來的生活，恢復到結繩記事的時代。又例如啟蒙運動與近代科學得到巨大發展之際，盧梭卻大聲稱道「高貴的野蠻人」。所謂原始人，竟成了許多德性的眞正代表者。我們這些所謂的文明人，反而被認爲已喪失了這些德性。因爲我們的德性已被三千年腐敗的文化制度所剝奪。

這種不滿於現世之「郁郁乎文哉」狀況，而嚮往一種較原始蒙昧的生活，是人類易患的時代病之一。由於此病，遂常帶生各種型式的「回到過去」行動及儀式。如短暫的山林郊野度假、重新體味半茹毛飲血狀態之野外求生和露營、沙漠與叢林探險、去半開化地區旅遊等等，均屬於這種活動。人不可能眞正棄絕文明，所以僅能以暫時離開現世文明塵俗，來獲得解脫文明桎梏的喜悅。

但思想家與一般人不同，他們會把「回到過去」看成一種人生眞正的理想、應該行動的方向。將之神聖化、信仰化。彷彿罪惡與災難的現世，只有懺悔，只有歸向那原始和諧神聖偉大的過去，才能重新獲得拯救。

工業革命之後，提倡此一新神學者，不乏其人。如英國李維士與湯普森所著《文化與環境：批判意識之訓練》，即抱怨工業文明對人的壓迫，嚮往「比較原始」的中古英國，認爲那才是個有機的共同體，小屋、倉舍、禾堆、馬車及人際關係，構成了具有人性的、與自然和諧的環境。此種中世紀主義，實乃當代環境保護運動主要思想淵源之一。

在我們周遭，也常有一些可尊敬的文化人，跑到東部去隱居，茅蘆籬舍，自耕自漁，欲以半原始生活的實踐性體證，配合冥想直觀之思維型式或打坐等修煉活動，重新回返天人合一境界。這種具宗教意義的回歸過去者，事實上也常是環境保護社會運動的支持者與推動者。

本文並不揶揄他們，且茲事體大，於此未能深論。本文只是想藉此指出當前環保運動可能蘊含的一種心理狀態及思想淵源，說明環保在社會運動面之外，也可能具有的信仰意義。

由這個觀點來看，臺灣目前的環保爭執，例如宜蘭是否應發展工商業之類問題，所涉及者便非政治權力爭抗、工商或農業觀光孰重、人與土地之關係……等討論所能涵括的了。從文化觀點，重新認識環保運動，或許正是我們該做的事。

八十、七《文訊月刊》

公共文化領域

清朝末年，王韜第一次把英文 museum 譯成博物館，中國人才開始知道有博物館這回事。鄭觀應在《盛世危言》中主張把博物館和鐵路、輪船、礦務等事一同看待。康有爲在《大同書》裏也列入了開辦博物館一項。這同時也是強學會、輿算學會等的主張。戊戌政變之後，官私皆廣辦博物館。吉林文史出版社去年新版的《中華民國文化史》爲此亦特立〈博物館事業的發軔及其理論的探索〉一章，詳細敍述了我國博物館事業的肇始、民初博物館事業的發展以及故宮博物館之創辦。

博物館和舊式的私人收藏聚珍，非常不同。猶如舊日之藏書樓與現代圖書館迥異那樣。藏書閣乃是個人或宗族的私有物，無論爲錢牧齋之絳雲樓、范氏之天一閣，均係私人文化財。除若干獲得主人同意者外，一般人是無緣享用的。葉德輝在藏書樓邊大揭「老婆不借書不借」布告，頗能說明其中奧妙。現代的圖書館則不然，聚書則唯恐讀者不來借讀，且多積極辦理各種與讀書有關的文化活動，如演講、展覽、文藝競賽、端陽等節日聯吟之類。

博物館和圖書館，就是這種迥異於舊式藏書樓與聚寶閣的公共文化領域。此公共文化領域之開拓，實乃近代思想史上的大事，惜一般論者於此尚未及留心也。

中國古代是沒有公共文化領域及觀念的。不只藏書聚寶，皆入私囊。即醫方武技、諸文化技藝，亦皆屬於父子師弟私相授受的秘訣。從私家傳習武藝，到辦體育會，再到公開舉行運動會，提倡全民體育，這其中就代表了文化私領域的開放與過渡，故能建立起一個公民共同參與的文化領域。讓大家一塊兒去操場上運動。而不再是像陳家溝家傳陳氏太極拳時，一定要關起門來密授，不讓別人瞧見，楊露蟬費盡心機才能偸學到了。

必須要有文化的公共領域，我們才可能學習到一種公共問題意識（public problem-consciousness）；對於如何透過公共政策的擬訂與參與，建立一種現代公共生活，才能有所嚮往。清末的政治革命，是由王權統治邁入民主政體。而這種公眾文化領域的開拓，正是與之相應的步驟。因爲民主的素養，並非只是去投票而已，更要具有這樣關懷與參與公眾共同生活的意願和努力。

當然報紙在這方面貢獻良多。報紙提供的，是一種公共論述空間。它是針對公共領域事務的報導，但也是對話、論辯的場所。跟從前的士大夫清議、諍諫不同。在報紙等公共論述空間裏，個人化的國家權威及組織官僚機器，皆無法壟斷或宰制公共意志。

因此，如果說近代民主革命之成功，得力於公共文化領域之開拓，實在並不誇張。但此公共領域雖已開拓，卻乏拓展，八十年來，我們在這些地方，比諸民初，固然微有寸進，思之仍覺汗顏。國人思索民主化之問題，也往往不注意這一點，要不就集中到政治權力、政治資源的分配上去談問題，要不就主張加強國人民主素養。而所謂加強民主素養者，又縮回個人道德修養方面去講求。殊不知公共政策的討論、公共問題意識的激發，乃至於建立公共領域的觀念，才是民主生活不可或缺的要件。政府固宜於此多予注意，各冷門文化團體，如圖書館、博物館、武術館之類，亦不宜妄自菲薄，它們所做的事，影響大著呢！

八十、一、二十《中華日報》

仙聖下凡

清朝時，有個日本文學家到北京遊歷，令他大爲驚異。且不說北京街市之髒亂陰黯，無堂皇富麗氣象。他每天早晨起來，就看到街道旁蹲著兩排男男女女，人人褪下褲子，露出白屁股，在街邊大便。這類景象，使他大爲慨嘆。他問：難道這就是出李白、杜甫的國家嗎？是的，這正是出現過孔子、莊子、屈原、杜甫、朱熹、王陽明……一連串光輝耀眼名字的國度。這個國度，曾在人類文明史上提供了難以估量的貢獻。超雋的智慧格言、優美的動人詩篇，使得我們國度周圍的地區也深受感染。它所呈現的文明高度，應該是無可置疑的。那麼，爲何在這樣高度文明的國度裏，竟是如此髒亂？在禮義之邦中，爲何人民竟粗魯無禮？

日本人看中國，有此疑問。我們看印度，有時也不免有類似的感受。面對印度之髒亂，其人民之椎魯不文，實在很難跟我們讀佛經、讀泰戈爾詩時的感受連接起來。印度古代哲學之發達，思維之縝密，即以今日視之，亦令人震動，然此何救於其羣眾之愚乎？

問題正好就在這兒了。詩豪哲士，出類拔萃，高攀入人類才德性智所能到達之頂峯；一般民眾則匍匐於泥塗塵俗之中，苟全性命、奔競衣食而已。他們通常不太參與文化工作，只擔任接受教誨、崇敬甚或贊美膜拜聖哲的角色。

這種聖凡懸隔的處境，到現在有什麼改變嗎？似乎沒有。例如臺灣中小學的課本，比美國日本同級學校，據說還要難得多。咱們的小留學生去往彼邦，應付其數理課程，遠比在國內容易些。大陸的中小學教材，好像又比我們深點。看來中國人的聰明才智、教育程度是要高於老美了。然而，爲什麼外國科技文教水準竟又遠超過我們呢？原因無他。我們仍然用一套精英教育的辦法，企圖培養一批超級選手，以這批選手來擔負國家發展、社會改革及文化工作，並與外國競爭。這批人拿到國際舞臺上，也是熠熠有光的。所以，中國人心理上便獲得了安慰：證明中國人是優秀的。

中國人當然優秀，但那是某幾個人很優秀。在中國人獲得諾貝爾獎、奪金牌、造核武、射衛星之際，大部份中國人仍然活在殷周秦漢的混沌椎魯之中，文盲遍地，且隨地便溺。

單以個人來比，美日學人未必便勝於我們；但他們整體社會文教水準，實非我們所能及。那不是精英集中式的教育所能辦到的。我在某些舊文中曾提到了一個「公共文化領域」的觀念。依我看，擴大公共文化領域、建立普遍公民教育體系、建全公共建設、促進社會意識醒覺，正是此中關鍵。這不是聖賢下凡式的「知識份子走入民間」，而是培養羣眾中的知識份子，或使羣眾成爲一般性的、稍具文化教養的公民。這些公民，也許不能創造精微超妙的哲學詩歌藝術，但他們有能力共同參與生活性的公共文化，也可以建立社會倫理，使高級精微的文化創造，有一個更安全合理的空間。

這個理想，或許正是我們這一代人的工作。

八十、二、三《中華日報》

舊體詩新世紀

新加坡同安會館舉辦「華人文化的保存與發揚」國際學術研討會，邀了我和李瑞騰去參加。瑞騰正在整理臺灣現存的舊體詩資料，便以此爲題，寫了一篇論文名〈臺灣舊體詩的創作與活動〉。去新加坡前，我們途經馬來西亞，與馬華文學界小有接觸，瑞騰也略談了一下他的論文。不料隔日星洲日報便刊出專文，謂瑞騰爲「一位矢力爲舊詩平反的博士」。這個頭銜實在太聳動了，不過由此也可見僑界對此事之關心。

馬來西亞有多少傳統詩刊、詩社或詩人，我不曉得。但在新加坡，起碼以福建同安會館爲例來觀察，傳統詩的傳習並不很冷淡。該會館近曾舉辦詩詞習作班，上課的學員即達二百餘人，每周有詩課，教師批答、同學切磋。審視其詩稿，往往丹黃爛然。聽其討論，則虔敬誠懇，似猶勝於我們在大學中文系裏學詩的學生。而且這不只是一個班而已，在該會館中，許多人都能吟哦，偶相酬酢，其樂也融融。

我不希望這樣的描述帶來一種「舊體詩已在海外復興」的印象，因爲事實當然不是如此樂觀的。我只是想提醒生活在五四神話之中的人們注意：舊體詩至少現在尚未死亡，仍有許多人以此爲抒情達意、參與文學社會的主要媒介，所以它仍然值得我們去關心。

五四新文化運動後形成的文學觀是極其偏宕的。新詩人爲了爭地位，輒以舊體詩之作者爲敵，屏諸不論不議若存若亡之間。講民國以來文學史的人，泰半不注意那些新文學鉅子如魯迅、周作人、朱自清、聞一多他們的舊體詩。雖然那些作品在體現情思、表達觀念方面，重要性絕不遜於他們的新體文學。葉石濤先生所撰《臺灣文學史綱》竟然完全跳過舊體文學部份，從「臺灣新文學運動的展開」開始敍述。而就在他不得不交代一下歷史源流時，也要吃力地申明：「舊文學遲遲未能在臺灣生根。」這當然不是事實，只是新文學的偏執加上意識型態的偏執，使其不自覺地如此說罷了。

事實上臺灣文壇耆宿，如吳濁流、楊雲萍、黃得時等等，哪位不是漢詩做得極好的？我不相信吳濁流、楊雲萍諸先生會認爲他們的舊體詩不足以代表他們的文學成就，更不相信他們會認爲他們的舊體詩創作不能視爲臺灣文學史的一部份。老實說，在吳濁流的心目中，恐怕舊體詩才是他最自豪最、珍惜的部份，地位還要在他的小說創作之上哩。臺灣現在唯一一個支持詩創作活動的陳逢源先生文教基金會，也是秉臺灣文壇耆宿陳逢源先生遺命而創辦的，其宗旨十分單純，就是鼓勵人作傳統詩而已。

這些現象其實不難了解，據吳祖光先生敍述，他在文革期間，什麼小說之類都不能寫了的時候，只能靠寫舊體詩來排遣。傳統文學有因其爲傳統而具有的力量，給人深邃溫馨之感，使人在漂泊無依或哀痛無可告訴時，彷彿透過詩文，即能與文化的根聯繫起來。我遇見蘇曉康、遠志明諸君。據他們說，他們剛逃到巴黎時，心情極度苦悶，只能靠著讀點唐詩，才能入睡，才能使靈魂安靜下來。理由大概也在於此。蘇曉康是寫《河殤》鼓吹西化、要拋掉傳統的人，他的經驗很值得參考。大陸自文革以後，舊體詩大爲復興，現在詩社、詩會、詩刊、詩報、詩集皆甚多，或許也與此有關吧！

聊張此義，以與世參。

七十九、九、二十六《新生報》

新的文化復興

中國文化復興運動方推行時，主要是爲了因應中共在大陸實施文化大革命而設。政治目的與文化意義混融爲一，其聲勢亦不可謂不浩大。然數十年來，時勢移易，「文化復興」之呼聲，寖假而爲「文化建設」所替代；兩岸關係亦有新的發展。原先那推動中國文化復興運動的機構——文復會——不僅功能不彰、角色曖昧，機構運作之經費，也被刪掉。眼看即將打烊，標示著臺灣社會不再把復興中華文化當一回事了。

如今，李總統親自兼任文復會會長，這個機構當然又已絕處逢生，行將鴻圖大展矣。盱衡其前程，文化復興，將由何處下手耶？

此蓋難言。由李總統自兼文復會會長，我們只希望這是一時權宜之計，非如此不能重新振拔人心，扭轉社會不重視傳統文化的習氣。但一時強調復興中華文化的重要性之後，總統即應及早辭去文復會會長一職，也勿再以官場巨僚充膺繼選。而應切實徵聘熟諳文化事務、具中華文化修養者負責會務，以免使天下關心中華文化者重失其所望！

換言之，應重還文復會以民間社團之性格，使文復會參與民間社會的運作，而不要讓復興中華文化成爲官方的意識標籤，給予提倡本土民間社會及臺灣新文化運動者一個新的「官方／民間」對抗空間，令中華文化成爲政策及意識型態對弈中的犧牲者。同時，在未來兩岸文化交流與合作將越趨頻繁之際，兩岸共同面對中華文化復興問題的機會與需要也必增多。一個由總統擔任會長或具官方色彩的文復會，其廻旋空間、活動機能，必不如一民間社團，也是可想而知的。有識者於此，自應知所抉擇。

其次，文復會的組織結構、運作方式，均應調整。名公大老，略備諮詢即可。現在推行文化復興運動，非深入青年基層不可。碩學耆宿，與時代青年之間，睽隔太甚，自宜起用新生代，憑其活力與新觀念，以適應時代之方式，推行諸文化工作。否則，文化復興運動，僅爲供退休人士頤養天年之物而已，青年皆望望然而去，豈國家之福？且宦海浮沉既久者，或以此爲歇腳庵；或雖有心於推動文化工作，而不甚知文化爲何物，以治官辦政之法爲之，遂致力勞功寡。世之訾議久矣。改弦更張，蓋亦刻不容緩。

文化復興，當然不只是文復會一個單位的工作。因此，除了文復會之外，其他政府各部門亦應貢獻其力量。

舉個例子來說。大陸歷經文化大革命等破壞，我們也整天說中共背棄了中華文化，可是今天到底大陸整理的古籍多，還是我們下的工夫深？大陸各地有古籍出版社，學校有古籍所，點校整理重印的古書，又多又好，全唐文、全宋文、全宋詩、全宋詞、全明文、全明詩、全清詞……一部部新編彙集或重編整理付梓。其他單册小書、箋釋校注，更不勝其數。我們做了什麼呢？了不起的工作，只是照相翻印了一部《四庫全書》而已，只有幾本古籍今注今譯而已。我們還在這兒夸夸其談、沾沾自喜，自命爲文化復興，豈不謬哉？

我們主管文化事務的官員，可能還不曉得：若不採用中共編校的本子，我們的文史哲科系，幾乎就沒法子上課了。像今年，里仁書局不再翻印大陸的李白詩注本；我們即差點找不到教李白詩的教本。在臺灣，連李白詩都快不能教了，還談什麼文化復興或文化建設？主事者，只曉得辦活動、耍熱鬧，這個演講那個演出，動輒百萬千萬元。卻從不考慮這類基本的文化工作，不知其影響之深遠，亦令從事文化工作者寒心久矣。現在能從善如流，立刻劍及履及嗎？

又是文化復興節了，讓我們期待一次眞正的文化復興吧！

七十九、十一、十二《新生報・文化復興節專輯》

勿僅與資本家結盟

工商界與臺獨組織的關係，近來已成熱門話題。行政院郝院長勸企業界勿捐款資助臺獨，籲請工商界與政府站在一起；民進黨則指出此種做法有違行政中立之原則。工商團體也紛紛表態，謂國家安全與社會安定乃經濟發展之基礎，業者願意支持政府；即或資助民進黨，亦僅係著眼於政治制衡並廣結善緣，臺獨組織則絕不資助云。

現代社會中的政商關係，錯綜複雜，檯面上的聲明與呼籲，遠不能反映眞實之狀況。故政府想以一兩次懇談，或一兩項優惠政策，乃至一席勸阻言辭，便要改變企業界與反對勢力的聯結關係，事實上是做不到的。

但因政府公開要求工商界支持，企業團體也公開輸誠，反而製造了一種政商密切結合的景象。這種景象對政府未必有利。從事反對運動者，很容易將之塑造成權力與金錢合一的批判對象，激發反對者的道德意識。

因此，在此時，執政者更該注意的，不是企業主，而是勞工。在反對政府的行動中，政府只注意到有工商團體捐了錢，卻未對臺獨運動之成員進行分析，未及時處理勞工參與此類活動所顯現的問題，實在是不可思議的。

工人，向來被視爲社會運動的主要力量。現代工商體系中的工人，除了面對資本家之剝削以外，更面臨政治與經濟所有層級建制的異化問題。所以他們除了要求傳統工運所要求的工資、工時和階級抗爭，更要廣泛地參與政經生產及共管體系。唯有這種讓工人經由「自我經營」和參與而形成的生活秩序，才被認爲是合理的，一般政府所謂的社會安定云云，其實只是資本主義社會資本家擬定之秩序，而由官僚體系居間經營並予以合理化而已，殊不能爲工人所認同。這就是現代勞工參加反抗運動的根本原理。只有反叛此層級建構，才能追求到他們所需要的自動性與自主性，才覺得「爽」。

政府必須眞正面對此事，除了召開財經座談，與工商大亨晤會之外，應儘速舉行勞工代表會談，重訂勞工福利法規，扭轉官僚體制只與資本家結合的形象，加強勞工技能與知識教育，督促企業體內部結構調整，增加勞工參與企業體及政經體系的共管程度，讓工人們覺得政府也與他們站在一起，而非僅與資本家結盟，如此才能從根本上化解或減弱臺獨反政府者的聲勢。要知道，號召一羣南部的工人出來進行反政府遊行，是不必花很多錢的。勸人勿捐錢予臺獨，尚非釜底抽薪之道也。

八十、九、九《中時晚報》

消費社會裡的文化出版者

人類文化發展的前景如何？

奈思比特《二〇〇〇年大趨勢》做了個樂觀的預測。它認爲本世紀最後幾年，人類的休閒方式和花錢方式會有重大的改變。九〇年代，藝術會逐漸取代運動，成爲主要的休閒活動。故視覺藝術與表演藝術已有巨幅成長的迹象。將來，詩、音樂、戲劇與舞蹈的復興，更可能和前一個時代（工業時代）形成強烈的對比，出現第二次的文藝復興時代。

這種樂觀的聲音，著實令人感奮鼓舞。但是，展望九〇年代的文化環境與文化發展狀況，使人憂慮的徵象，恐怕仍將爲這樂觀畫面塗上陰晦的色彩。

因爲文藝復興的經濟基礎，在於資本主義發達的消費社會。在消費意識下存活的藝文活動，逐漸成爲消閒之物。人們看書、看戲，與其看運動競技表演，心態並無不同。熱門刺激、心神震盪，亦足以怡情。但看運動員競技表演的人，永遠保持著買票看表演的態度，他自己不必成爲運動者。這個結構，使得大多數人養成花錢買藝術、買文化、看表演的態度；另一小部份的人，則提供文化，以取悅於觀眾，向花錢的大老倌獻藝。

此一消費文化結構，當然也自有其價值。然而，文化，成了消費品；人參與文化活動，是爲了消閒；文化的創造，只是少數人的事。這些都對社會文化之發展不利。

文化成爲消費品之後，人即不再對文化懷有價值的敬意與追求的熱情；「文化產品」只是消費市場上一種系列產品而已，只是他的消費對象和可選擇的消閒方式之一而已。如無必要或不必附庸風雅時，他大可選擇俱樂部、咖啡座、卡拉OK去消閒，沒有內在的價值感與渴求，讓他去「參與」一場演出、去品味一篇文學作品。他在觀賞一場戲劇、聆聽一次演奏、讀一本書時，也只是在觀看、在品頭論足；而不是在閱覽的同時進行自己的文化洗滌，希望透過閱讀，讓自己更有文化——打個比方，舊的閱讀與觀看方式，是讓讀者成爲具有運動員那種能力的人；現在，則是觀看者只管欣賞並批評運動員的表演即可，不必由此獲得運動的能力。因此，文化消費活動及數量的增加，不一定能促進這個社會的文化進展。

依這個分析來看這幾年臺灣的文化現象，則我們會發現，這些年來，臺灣的圖書出版量正急劇增長，城市中的藝文活動也快速增加，藝廊如雨後春筍般櫛比鱗次，藝文從業人口更是顯著膨脹，其謀職與維生亦較過去容易得多。這都是使人感到鼓舞的，彷彿文藝復興已翩然蒞止。

然而，文化人的心情似乎比從前更黯淡、更憂慮，更迫切地感受到當前社會存在著巨大的文化危機。

因爲消費型態的文化供需關係。消閒式的文化閱覽狀態，使得深刻、嚴肅的文化思考無法進行，也沒有市場和觀眾。學術的人文社會學科書籍，市場日趨萎縮；媚俗或配合世俗生活需求的書刊，逐漸佔居文化產品的主要陣地。所謂文化，成爲茶餘飯後之消閒；成爲華服美食之外的點綴及裝飾。

從事文化工作者，素來甘於寂寞，不太會因爲缺乏掌聲而忿忿不平。因此，他們對上述現象的憂慮，其實是擔心社會整體文化的走向。例如，在觀賞表演的型態下，不但很難要求閱讀者同時進行思考，更無法要求閱讀者回返自我生命的問題，重做反省。更糟糕的是：要花力氣去閱聽的文化產品，較不合乎消閒的原則，競爭力也將大打折扣。直接訴諸視聽感官的文化作品，比傳統的文字出版品，更容易爲社會消費大眾接受了。

現今即使是文藝青年、文藝好愛者，也比較熱中於戲劇、影視，而對文學作品愈趨漠淡陌生。他們不見得比較懂影視戲劇，可是觀賞影視戲劇畢竟比讀書容易些。幾次文學獎徵文比賽，評審者也都會發現，即使以從事文學創作爲職志者，亦復錯字連篇，文字能力江河日下。似乎，文字及文字出版品，以其特具內指性、思考性之特色，雖然在歷史上成爲人類最主要的文化符號與傳播媒介，現在卻因其特色而在新時代中適應不良。

仍執著於文字工作及文化出版者，在這樣一個消費時代裏，其處境必然日趨艱困。但妥協與順從，是不義的行爲，亦將使我們所從事的文化工作，喪失意義。唯有我們不懈地努力，才有可能使文化重返正途。

七十九、十二、二《中華日報》

垂頭喪氣的近代史？

牟宗三先生〈九十年來中國人的思想活動〉專題演講長文，最近在《鵝湖月刊》發表了。牟先生係當代新儒家碩果僅存的大師，該演講之元氣淋漓，自不在話下。他批判九十年來中國人在民族生命受挫折之後，文化生命也受了扭曲，故從清末便失去了文化智慧的方向，知識份子都喪失思想能力，導致馬克斯主義之魔道橫行於中土。

這類意見，牟先生述之已多。例如他在《中國哲學十九講》中，便以沉痛的語氣做結，說：「我們這個課程只講到這裏，明亡以後，經過乾嘉年間，一直到民國以來的思潮，處處令人喪氣，因爲哲學早已消失了。」

而無獨有偶地，勞思光的《中國哲學史》也只講到清朝戴震而已。近代思想史，在他們看來，大概是沒什麼可談的了。

當代人鄙夷同時代人的成就，也許是人類歷史上的通例。因此，他們的批評，做爲警鐸則可，視同史論，就未必了。

就像現在，我們都覺得中國災禍頻仍，學術文化未及發展，亦乏超卓百代之大師。國內學術水準根本不能跟外國比。近九十年來中國人之思想活動，簡直乏善可陳。可是，我們所歆羨的西方二十世紀思想文化成就，在西方人看來，竟然也同樣是一塌糊塗。

如本世紀著名哲學家蓋塞特（O. Y. Gasset）卽說：「二十世紀根本沒有哲學可言。」這話並非個人之偏見，因爲確實有不少人認爲自黑格爾過世之後，整個西洋哲學便走向下坡。馬克斯唯物主義崛起，更令人對傳統哲學之消逝感到慨嘆。他們對時代的感受，其實與牟先生並無太大不同，其批評亦非無的放矢。然而，近代思想果眞如此貧乏乎？

我從不以爲實情確是如此。二十世紀西方思想史異采繽紛，可謂目不暇給，中國思想界又何嘗不是繁花簇錦？問題是，我們往往視而不見，徒自傷感。

例如近代佛教之復興，允爲思想史上的大事，天台、華嚴、禪、唯識諸宗，一時俱起。義理之鑽研、經典之整理，縱使仍不令人滿意，但歐陽漸、太虛、馬浮、熊十力、印順等人，比諸宋明講佛學者，當然遠勝。新儒家本身對宋明理學的紹述與發展，亦無愧於先賢。卽如史學，科學考證派得力於考古及史料公開，其成績未可抹煞；通究大義，激揚民氣，如錢穆者，我以爲亦已超過劉知幾、章學誠甚多。整個時代，固然顯得黯淡，充滿了挫折與哀傷；但這個世代的中國人，倒也未在思想史上繳了白卷。整個思想文化的成績，並不如想像中那麼差。

但是我們爲什麼老是覺得近代中國人不爭氣呢？這是因爲人總是受到時代衰亂現實的激擾。面對一個亂盪杌隉的時代，眼看社會的發展正步向令人憂慮的深淵，我們不免要懷疑是否我們遭了天譴，或者是正在自食惡果。

然而，時代現實面的順逆是做不得準的。宋明儒講理學，而國家亡了。能說理學便無價值嗎？希臘雅典的民主，敵不過斯巴達；後人卻奉雅典爲典範，不去效法斯巴達。在我們這個時代，馬克斯固然席捲過一段時期，但那又算什麼呢？在那時候，馬克斯也同樣席捲了歐亞大陸許多其他地方，能不能說各國知識份子都忽然一齊喪失了思考能力？現在，許多地方不再信仰馬克斯主義了，中國將來大概也會如此。而就算不如此、就算共產主義在中國獨能橫行，甚至把我們也併吞了，那又怎麼樣呢？雅典亡了，但它所創造的價值沒有亡。一個時代，在歷史上若眞無所虧欠、若眞能爲人類創造出某種價值，現實面之順逆，眞的不必縈懷。由現實處境上的困阨，反過來怨嘆近代中國人醜陋無出息，也是不恰當的。

七十九、十一、一《新生報》

高等教育與文化的關係

——我國模式的探討

高等教育與文化的關係，可以從許多角度予以討論，本文僅以其中一個問題爲焦點，論列我國高等教育的弊病。

本文認爲我國的高等教育，係在割斷或背離文化傳統的社會情境中發展的。故體制和精神，皆與我國的文化傳統無多關聯。且大量拼湊、挪用歐美各國以及各學派的教育理念及制度，結果不僅造成內部的矛盾、扞隔與雜亂，更使得我們的高等教育成爲各學派教育理念的消費者或實驗品。

對於包含學術教育、技術教育、師範教育的我國高等教育體系，注重知識技能的教育內容，企圖配合社會需求的教育目標，專業專技的教育導向，以及把高等教育視爲貫徹國家政策、養成國家政經建設人力的場所……等現象，本文均不以為然，且均認爲與中國之文化傳統及教育理念，差距極大。對於過去數十年來，所形成的這一種「中國模式」，感到憂慮。希望能再結合中國尊重知識價值、注意文化教養、強調終身教育、培養通識之文化傳統，並給予學校獨立自主地位，賦予學校社會批判職責，重新開創二十一世紀我國高等教育的新紀元。

一、費解的問題

要討論我國高等教育與文化的關係，著實非常困難。這種困難，不僅在於所謂「文化」究竟所指爲何，難以界定；更在於我國過去幾十年間，高等教育與文化似乎沒什麼關係。我的意思是說：每個國家，都有一文化傳統；而其教育體系、宗旨，卽是由此文化傳統中發展形成，故也能表現出該國家或社會之文化狀況。例如英國與美國的教育體制、精神旨趣，就迥然不同。這些不同，除了現實的政治經濟考慮之外，更是由於文化傳統的不同，使得教育者對「受過教育的人」有不同的設想使然。

只有我國不是如此。我們的教育體制，可說與文化傳統毫無關係，乃是抄襲、拼湊歐洲、美洲之學制與組織而成，既與我國傳統官辦的太學、國子監毫無類似之處，亦與私家講學的書院、私塾，全然不同。故討論我國高等教育問題時，論者可以直接從中世紀的歐洲寺院僧侶教育談起，而根本不必齒及中國的教育傳統❶。歐洲的大學傳統，自有其宗教及貴族社會的文化條件。但論者卻可以將它視爲一普遍的模型，將它看成是我國高等教育的淵源；討論大學之理念時，無不溯源於此❷。如此一來，還有什麼「我國的模型」可說？卽使是教育學系的教師，對我國的文化傳統、教育理念、教育體制發展，也隔膜得很，實際的教育運作上，那當然就更不用談了❸。

在這個大背景下，過去幾十年的高等教育，基本上是疏離了文化傳統，甚至根本是違背了的。且讓我們從幾個方面來觀察：

二、終身教育／高等教育

以所謂「高等教育」一詞來說，高等教育，是相對於初級、中等教育而談的，在內容上

---

❶ 例如郭爲藩在〈變遷社會中的大學問題及展望〉一文中，便直接從「大學制度，起源於中世紀時期」談起（韓國啟明大學主辦，《世界高等教育研討會論文集》）。他說得沒錯，中國雖有幾千年的大學教育歷史，但現在的大學，都是西方大學的胤孫，與中國的大學無關。

❷ 參見金耀基《大學的理念》一書的論述。

❸ 曾與一位教育學博士談，他以爲《禮記》與〈學記〉是兩本不同的書。

包含學術教育、技術教育、師範教育。這一體制及其理想，蓋導源於六〇年代英國的羅賓斯〈高等教育報告書〉（*The Robbins' Higher Education Report*, 1963）之建議❹。雖然論者迄今仍不甚滿意，認爲我們並未充分發展此一理想，達成高等教育體制之整體運作；但事實上，此一理想及其體制，便與我國文化傳統頗有差距。

首先，我國論教育，向來是主張終身教育的，荀子〈勸學篇〉第一句話就是：「君子曰：學不可以已。」這並不是說在教育體制上沒有層級與階段的區分，例如《禮記・學記》曾談到：「一年視離經辨志，三年視敬業樂羣，五年視博習親師，七年視論學取友。」荀子也說：「學惡乎始，惡乎終？曰：其數則始乎誦經，終乎讀禮。」這都說明了教育的階段與程序。但問題是：高等教育既名之爲高等，大學遂被視爲人受教育的終點，不再是荀子所說的：「學至乎歿而後止也。以學數者終，若其義則不可須臾舍也。」接受了所謂高等教育之後，彷彿一個人便受完了教育；而假若並未接受高等教育，則終是尚未完成教育的人，必千方百計進入大學，以謀完成此一「學數」。即使最近這幾年，開始有人提倡終身教育的理念，大體也是由英美的例子中得到靈感❺。且這些倡導終身教育的機構，也仍不可避免地在

---

❹ 見盧增緒〈我對當前高等教育問題的幾點看法〉，七十五年四月，《現代教育》，第二期，頁八一—九二。

❺ 參見陳世敏〈成人終身教育的遠景〉，《中國大學教育的展望》，七十四年，淡江教研中心編。

套用「大學」一詞，如社會大學、老人大學、空中大學之類。雖講終身教育，理念的底子仍是高等教育，以大學爲受教育的終點。

三、文化教養／知識技能

終身教育之不被採行，以高等教育爲人受教育的終點，有其內在的理由，即是：教育的目標與內容改變了。

中國文化傳統中，對於「受過教育的人」的看法，是要求他能「知類通達，強立不反，然後足以化民易俗」。也就是把教育視爲培養一個「人」的手段。這個人，不是禽獸，也不是野蠻人，而是具有文化教養，又能知類通達，開創文化生機的人。因此，教育基本上是人格的教育與文化的教養。教育之目標及內容既是如此，怎麼可能「畢業」？當然是要「學至於歿而已」了。

反之，學，假如只是爲了傳習一項知識或技術，以便進入社會去謀職。那麼，學就只是一種工具性手段，學得某一技術、某一知識，足敷未來需要即可。受完高等教育，大抵綽綽有餘了。即使因爲社會變遷迅速，舊知識、舊技術不够應用，而不得不倡導終身學習。事實上也往往只是「在職進修」，或使人能更熟練地應付工作職業之需而已。各大學及社會團體辦的進修班、研習營、講習會，多是如此。

這種知識性的、技術性的高等教育導向，也影響到我們的科系劃分。大學的組織及功能，正是依此一精神設計的。人格教育與文化教養，只被放入「生活輔導」領域，作爲高等教育體制中的邊緣性角色。受過高等教育的人，只被視爲具有某種知識或技術的人。而這些知識，關切的又只是「對於外在世界的了解與控制」。對於人本身的問題，卻缺乏興趣，了解不足。

此一現象，不僅具體表現在把技術教育、師範教育，跟學術教育放在一塊兒鼎足而立的高等教育體系構想中，就連在所謂學術教育的大學內部，都非常明顯。

四、知識價值／社會需求

知識導向而非人格教養的高等教育，也並非不能發展爲終身教育。但我國的高等教育並未發展出爲知識而知識的模式，而是混雜徘徊於知識與技術之間。不斷增設的技術學院，以及爲培養教育師資、調節教員人力供需，而升格的一大堆師範教育學院，已充分說明了我們高等教育的性格。大學中科系之設置，亦可顯示我們的學術教育正偏重於實用性、技術性。凡非實用性、技術性的學科，必然經費短絀、行政呆滯、學生就學意願低落、不受學校及社會重視，也很難獲得什麼研究補助（諷刺的是：這些科系正是以知識之探究爲職事的）。

而此一技術性、實用性的高等教育，又是爲社會服務的。亦卽爲社會的需要來規劃教育之發展。高等教育所培養出來的「人才」，被視爲高級的「人力」(high level manpower)，大學變成就業前的訓練場。政府機構、傳播媒體、學者專家，都不斷注意大專畢業生的就業問題，對「教育性的失業」(the educated unemployed) 憂心忡忡。甚至經常因某些科系畢業生不易爲社會企業吸收，而大聲疾呼，主張科系調整，主張「對大專院校系科招生人數之決定，應儘量配合經濟發展需要」❻。

高等教育的發展邏輯，竟然不是因爲某一知識具有價値、應該了解；而是基於某些知識能夠符合社會之需要。這種外化的、被決定、被選擇的、社會職業導向的高等教育，完全忽略了高等教育對文化傳承、知識探究、價値評估各方面所具有的職責；也不能使高等教育機構成爲平衡及導引社會價値與發展的體系，反而成了附從於社會工商體制、附和社會流行價値觀的次文化團體。不僅形成了世俗化、庸俗化的校園文化。更使得社會在缺乏價値教育

❻ 見楊國賜〈社會變遷中的高級人力問題〉，《中國論壇》，第十卷七期。

(Value Education) 的導引與平衡之下，爆發了層出不窮的犯罪與脫序問題。——在民國六十七年教育部計畫小組提出「企業界對目前大專畢業生運用狀況之調查研究報告」、六十九年經建會分析民國七十三年人才需求時，都說農林醫牧生物、文史類人力之社會需求，只有百分之一到三，供過於求，其科系該予以裁併，招生人數應當刪減❼。那時，這些只著眼於社會需求的專家們，恐怕沒有料到這樣發展教育的結果，便是社會脫序、環保問題嚴重、人心憂苦。人文社會學科現有之人才與研究，已根本不足以面對並處理現今日益嚴重的社會問題；而環保意識高漲，社會醫療與福利問題，也需才孔急，誰說農林醫牧生物類人浮於事呢？高等教育，不依教育本身的規律來運作，不尊重、不發展知識的價值，一心想附從社會需求，其結果必然是：反而無法應付社會眞正的需要❽。

---

❼ 見高希均、徐育珠〈我國大專畢業生專長利用之調查分析〉，教育部教育計畫小組，民國六十五年八月。教育部教育計畫小組編《企業界對目前大專畢業生運用狀況之調查研究報告》，民國七十六年八月。《中央日報》〈經建會分析民國七十三年人才需求〉，六十九年五月二十一日。

❽ 這一問題的另外一些分析，請參見龔鵬程〈大學不是職訓中心〉、〈桂冠下的沈思——大學生的角色扮演〉，均收入《我們都是稻草人》，民國七十六年四月，久大文化股份有限公司。

五、獨立自主／國家政策

我國高等教育，除了要順應社會需要之外，更嚴重的問題，便是要配合國家需要⑨。幾十年來，我們常把高等教育視爲一伸張國家權力的機構。不但在教育內容上不斷培養受教育者對政府的認同、塑造意識型態，俾使受教育者成爲擁護、支持以及理解政府的人羣。更把高等教育機構做爲國家政策的推動者與實踐者。例如國家要進行十項建設或其他，

---

⑨ 翁望回曾有〈大學的價値何在〉一文，認爲我國大學已被工具化、市場化及政治化了。不是變成國營的理念傳播站，即是成爲民營的知識工廠，他說：「大學一旦變成國營的理念傳播站，則大學的學術性格必然無法維持，學術自由必然受到限制。校園裏碩彥鴻儒逐漸稀少，『官大學問大』者逐漸增多；研究取向的學者逐漸減少，行動取向者增多。學生聽不到言之成理、持之有『故』的不同主張，只能聽到『福音式』的宣傳，難以獲得學習辯難析理的機會。對於習得的有限知識，只會與教科書對照，查其對錯。大學若變成民營的知識工廠，則教育內容是專業教育重於通識教育，知性教育高於品性教育。大學只能爲社會訓練可用的『人力』（Manpower），而無法培育獨立的『成人』（Manhood）。另外，大學一旦『工廠化』後，學術必然『市場化』，知識必然『商品化』，於是熱門科系成爲流行品，高分教授成爲暢銷貨，學生證成爲兼差的護身符，畢業文憑成爲求職的推薦書。從此，大學的理念蕩然無存，大學畢業生就如同一具工作能力強，卻缺乏思考能力的機器人。」（七十四年六月二十五日）可與此處所論相發明。

則利用教育體制之運作（包括增設新科所、加強經費支持等等），培養出一批人來，擔負這些任務。要發展與非洲、阿拉伯的關係，便開設非洲研究、阿拉伯語系；要拓展對蘇聯及東歐的外交經貿，便設置蘇聯研究所……。高等教育的發展，一方面深受國家政策的制約；另一方面，則成爲國家遂行其政策，達成其國家權力伸張之工具。高等教育本身的學術自主性與獨立性，根本就喪失了。不惟國家以此要求學校，學校也自覺地在配合國家政策與政經建設之需要，很少從「做爲一所高等教育機構，我們應有何發展」來設想。高等教育，是在國家政策底下發展，而非由高等教育來導引國家發展、制定國家政策；更不用談以學校做爲批判與制衡國家權力的機構了。

明末黃宗羲曾在《明夷待訪錄》中論學校曰：「學校，所以養士也。然古之聖王，其意不僅此也，必使治天下之具皆出於學校，而後設學校之意始備。……天子之所是未必是，天子之所非未必非，天子亦遂不敢自爲是非，而公其是非於學校。」所謂治天下之具皆出於學校，卽是說國家的發展，須倚靠學校的指導，而不是讓學校來配合國家政策。故學校對政策及國家發展方向擁有監督、批判、導引之責，它本身又具有獨立的、自主的性格。這一理想，我們這幾十年來恐怕是已背道而馳了。

六、通識教育／專業專技

由於我們把高等教育之功能界定爲配合國家建設、應付社會市場供需，故所養成者，亦僅爲具備社會及政策現實需要的技術人員。這種職業的、技術實用的導向，使得我們的高等教育，一直以「培養專門人才」爲要務。

培養專門人才的高等教育目標，所指涉的，正是專技與專業。論者或以爲近代大學的問題，在於自然科學取代了人文學科，成爲高等教育的重心，以及科系分化之日益精細⑩。其實，自然科學，並未成爲我國高等教育的重心，因爲自然科學也與人文學科一樣，與職業的社會結構無法「對口」。故高等教育機構中眞正造成教育危機的，是由專業所帶來的專技型態。此業，乃韋伯所謂的職業，而非志業，故不可能眞正發展出自然科學的探究傳統，而只是偏重於技術應用的範疇。科系的越分越細，亦是基於這一原因，而不是因爲知識發展日越精密。例如數學系，分出應用數學；化學系分出應用化學或化工系；物理系分出應用物理……等。因實用及社會市場需要，才使這些科系出現，且發展得比原有的數學、物理、化學等

⑩ 詳見張芬芬〈大學通識教育之理論與實施〉，《淡江學報》第二十五期。

系更爲迅速。其次，社會不斷地變動，職業便不斷增加，科系也因此不斷分化或膨脹，如企業管理、資訊管理之類學系的蓬勃發展，即由於此類原因。

此一專業專技的教育，必然造成高等教育機構內部四分五裂，猶如職業上的「隔行如隔山」。不但人文科的學者面對校內職業技術化的同僚，有難以交談溝通之苦。人文學科本身便已專業專技化了。一位研究歷史的人，便在心理上設限，不去研究歷史上的文學家、文學作品與文學現象，因爲「那是中文系的事」。一位中文系畢業的人，若竟討論起歷史，歷史系畢業者就會感到他在「搶飯碗」，認爲他「撈過了界」。也就是說只有讀什麼，才能談什麼、才能從事什麼。例如教育，教育部及教育學系的先生們，就一定要堅持只有讀教育系的，才能論教育、才能從事教育。硬逼大學生去補修教育學分，否則不能成爲正式教師；一度還主張只有師範畢業生才能教中學……。

這種高等教育，與我國傳統教育理念，亦復大相逕庭。中國論教育，總希望能使受教者做到「君子不器」，要求學者成爲「通人」。《學記》謂就學九年，即應考察學者是否能「知類通達」，即是此義。通達、通識的取向，恰與專才專業相反。近幾年我們才憬悟到（抑或是流行起——因爲美國已經大力提倡了）通識教育的重要，從民國七十三年起，規定在各大學實施通識教育⓫。但整個高等教育專業專技化結構不予以澈底解構重組，所謂通識，是不可能實踐的。徒然成爲專業之餘的點綴，做了學生的「營養學分」而已。

七、「中國的模式」

我國近代學校教育制度，是從鴉片戰爭以後逐漸醞釀發展成的，在本質上卽有背離傳統學制、師法西洋的性質。故與文化傳統形成了一斷裂關係或敵對關係，實在是由來已久，有其歷史條件。民國初期的反傳統運動，卽以新式高等教育機構發動。其後新式學堂之開設，本身也被視爲中國現代化程度的指標之一。新思潮的傳播引介，更是我國高等教育機構在文化上的主要貢獻。

⓫ 通識教育的問題，論者已多。另參郭爲藩《科技時代的人文教育》，民國七十五年，幼獅，第五章。又按：康有爲曾區分了一個通識與專門知識的教育學架構。他在一八八六年所寫《教學通義》中，將通識教育稱爲「公學」，專門知識稱爲「私學」。說：幼學（指語文知識、生活禮節）、六德六行、六藝、國家法令，「四者天下之公學也，自庶民至於世子莫不學之。庶民則不徒爲士，凡農工商賈必盡學之，所謂公學也」。私學則是在各種職事，如農、商、牧、巫、卜、醫、吏、史、胥、工之類，「各擇一業，視志所好，博學而致其精」。錄其說，以供論通識教育者參考。

但是，這種與自身文化傳統斷裂或敵視的態度，是否仍將持續下去呢？過去高等教育與文化傳統中許多教育理念背離成隔膜的結果，如上所述，已產生了不少危機與問題，邁向二十一世紀，我國高等教育的發展，是否應調整它與本國文化傳統的關係？

這一建議，一定有人立刻又回到那個老窠臼、老模式中去揣測：這是國粹派的主張；我國現代高等教育的體制與理念，雖然多採自西方，但那是具有世界性的、普遍性的，並不能說它不來自我們自己的文化傳統就不能採用。

古老的中西文化論爭請勿再談。我的意思是：二十世紀教育有空前的進展，但發展迄今，卻也顯示了它已危機四伏。面對這些危機，我們的反省何在？反省的資源又是什麼？在西方，有資本主義的教育理論、社會主義的教育學說、批判理論的教育觀……。我們呢？過去數十年的高等教育，乃是這些理論的消費者與實驗品。人家搞專業教育、搞「政府應該控制公共的學校」的民主主義教育，我們也跟著做；等到人家發現「國家在危機」中，提倡通識教育時，我們也倉皇跟進⓬。然而，西方的教育改革，往往有生自其文化傳統的一整套理論體系爲其制度改革的依據。例如承認並給予校園內學生權（student power），或提議擴張

⓬ 一九八三年美國「全國卓越教育委員會」發表了《國家在危機中》一書。民國七十三年林寶山譯，高雄，復文書局出版。

普遍性公共教育，都涉及社會主義對政治、社會與經濟生活的整體看法。我們只搬弄制度，不只造成新的改革制度與舊有結構體制彼此枘鑿、牽制的現象，更形成理念內部的矛盾，改革焉能成功？

而我們討論高等教育之弊端的先生們，往往見不及此，反而一股腦地把問題歸咎於中國文化。例如談到我國高等教育的實用傾向，就說是受中國傳統上「通經致用」「學以經世」觀念的影響。批評高等教育僵化、成爲國家權力之工具、深受國家控制，就說這是中國封建統治、父權社會、政教不分、「作之君作之師」等文化的餘毒。又強調中國的高等教育重灌輸與控制，不貴創造，又不如美國云云。

其實這些問題的根源，都與中國文化傳統無關。我們的學者似乎並未如西方學者那樣，反省到這正是他們所樂於引介的美國教育的病癥。鮑里斯、季亭士在《資本主義美國的學校教育》中便指出：「美國教育的結構、內容和管理的歷史，顯示它在有意壓抑年輕人方面，具有引人注目的恆久不變性。」⑬而我國傳統教育，則從漢朝起，就在一「問難」的傳統中

---

⑬李錦旭譯，民國七十八年八月，桂冠圖書公司出版。另外，據此書分析，對受教育者的控制和市場取向，正是自由主義教育的特徵。見該書附錄D。前述我國高等教育之市場取向和國家控制，長期奉行自由主義之教育哲學，不能說不是原因之一。

發展。無論官學或書院私人講學，都以講論（講習討論）爲主⓮。所以我國高等教育若有危機、若有病痛，不是受傳統文化影響太多，而是因爲太悖離了文化傳統之故。

這便是回顧我國高等教育與文化之關係時，所發現的模式：背離文化傳統、扮演買辦與消費者姿態的模式。展望二十一世紀，我不曉得大家願意怎麼走？

七八、十　二十一世紀高等教育研討會

⓮ 中國古代的問難傳統，詳⓭所引龔鵬程書，頁一〇六〈當前學術風氣的反省〉。

彝族文化學派

彝族，是我國五十六個少數民族之一，現約有六百萬人口，爲漢族以外第四大族。主要分布在金沙江南北兩側，即四川、雲南、貴州一部分地方。這個地區和彝族之文化，本來並未引起什麼討論。但自從該地發現「元謀猿人」以及世界僅見的彝族十月太陽曆之後，彝族文化研究遂成爲一個新的熱門話題。

像雲南即有一批學者正努力進行彝族文化研究，編了一大批書，宣稱要建立一個《彝族文化學派》，對中國文化及古代史上許多問題，提出了許多新解釋，爲學界帶來了許多新刺激。

他們認爲中國文化的源頭，就在金沙江南北側的哀牢山、涼山、烏蒙山。元謀猿人則是整個亞洲、美洲人類的共祖。彝族和其文化廣佈於甘、青、藏、新疆、中亞、西亞等地，向東則到達山東半島，並經東北通過白令海峽而遷入美洲大陸。凡藏、羌、白、納西、土家各族，伏羲、炎帝、黃帝、顓頊、夏、周、秦等都出於這一族及其文化系統。印地安和馬雅文化亦不在話下。

例如彝族的十月太陽曆，影響了夏周之曆法、《易經》的原理、道家陰陽家道教的理論；彝族的虎圖騰與虎宇宙觀，則影響中國文化中的世界觀及姓氏、習俗等等。在宗教、哲學、科學、文學各方面，凡古文化裏諸疑義不能解釋者，均可自彝族文化之探究中尋得解答的鑰匙。

我對他們的議論，甚爲佩服，但實在非常懷疑。

像他們說彝族尙黑，其虎圖騰爲黑虎，而老子尙黑主玄，所以老子乃彝族；老子名李耳，也是因爲江淮南楚之間稱虎爲李耳之故。伏羲生於甘肅南方天水一帶，其地乃古羌戎所在，伏羲又寫作虙戲，字從虍，所以伏羲是虎圖騰部落的名號。彝族貴左賤右，以太陽爲女性居左、月亮爲男性居右，可見道家尙左之風出於此，貴雌尙左即代表原始社會，而儒家貴男尊右是代表奴隸社會及封建社會之男性中心社會觀……。

這些講法，恢詭無端，然皆不能成立。因爲它缺乏考釋古史之基本能力與態度。

以其所謂老子尙左尊雌來說，至少犯了四個顯然的錯誤：㈠、研究者當知德文中太陽也是陰性的，月亮則爲陽性，能不能因此證明道家出於德國、老子是德國人、德國文化是代表原始社會呢？㈡、《老子》三十一章：「君子居則貴左」，是不錯的，但底下便接著說：「用兵則貴右」、「吉事尚左，凶事尚右，偏將軍居左，上將軍居右」，何嘗專門貴左？㈢、研究者不懂什麼叫吉事什麼叫凶事，遂以爲吉事尚左，那一定就是貴左了。其實吉凶乃就禮制言，凶事卽指喪禮，故吉凶不是價值的判斷。㈣、這段話根本是注文混入的衍文，非《老子》本文，不能拿來討論老子的思想。連這些常識都不具備，如何談得上考古呢？

他們又把八卦、太極圖等「伏羲先天易」推源於彝族之雌雄陰陽宇宙觀。這裏也有幾點問題：㈠、所謂伏羲先天易，根本沒這個東西，乃是宋人創造出來的講法。可以用來論《易》，但豈能據以證史？用河圖來證明八卦係採十月太陽曆，更是荒唐的事。㈡、伏羲向來被說成人首蛇身，其爲龍圖騰甚爲明顯；夏亦爲龍蛇圖騰，炎帝則牛首人身，如何能一塊兒統歸入虎圖騰？㈢、伏羲畫卦，《易經》中也是滿紙龍的意象，如果說這是虎族的文化，爲何《易經》中虎少龍多？㈣、他們強調「周易」的「周」不是朝代名，並說易字就是彝文的母虎字。殊不知殷易尚陰、周易尚陽。既爲周易，就不可能是母虎……。

這類討論當然不是幾句話就說得清的。古史研究本爲一筆糊塗帳，其中也不乏可爭辯之處。但不管如何，我以爲，文化一元論的時代過去了，要說某一族卽人類的族類與文化之源，都是講不通的。

也許每個人都有鄉土之愛、族類之思，但爲了爭本族之地位，而誇張本族的成就，把各種文化成就統攝於本族名義之下，並不是很好的辦法。過去各少數民族常批評漢族有大漢文化沙文主義或中原文化沙文主義，然而爲了反對這種偏差，遂提倡一種彝族或什麼地域的文化沙文主義，豈非荒謬？

臺灣在現今本土意識高漲之際，鼓吹臺灣文化者，是否也能從這面鏡子裏看到些什麼？

七十九、九、二十三《中華日報》

飄移的中國社會

中國，曾被形容爲一個大陸型國家，民族性較爲保守，且家族鄉土觀念濃厚，安土重遷，甚少移動。

這種自費孝通以來所建立的「鄉土中國」刻板印象，導致現今臺灣某些人士也使用著「大陸中國／海洋臺灣」的概念，來區分臺灣和大陸社會的異質性。

其實，如果略微考察一下閩粵滇瓊人士移民東南亞、遠泊北美洲，以及山東人移民朝鮮的歷史，以上這些觀念便不攻自潰了。時間長、範圍廣、人數多的中國移民，事實上已在中國本土之外，建立了另一個中國：一個飄移的中國社會。

在中外交通史上，中國東南與西北恰好呈現著極爲不同的景觀。西北主要是歐印民族進入中國的孔道，中國的商旅與僧侶，固然亦曾經此遠赴波斯、羅馬、印度，但大規模的漢人移民，迄未出現。東南一帶則不然。阿拉伯與波斯胡很早便循此海上絲路東來中國；可是更重要的是，中國人也利用這條航道廣泛地移民於中南半島等地。鄭和組織的大型船隊，七下南洋，更是歐洲海權時代興起之前的歷史壯舉。伴隨此一海洋活動，中國人活躍於南洋社會，自然就更是理所當然的了。這種狀況，是否顯示了中國人民的海洋移動，頻率與規模都更甚於陸地移動呢？

推動這種大規模移民活動的主要原因，不是政治而是經濟。離開鄉土，寄跡於風濤喧豗之中者，有些從事貿易、有些進行掠奪、有些則出賣勞力或進行易地墾殖。因此，中國移民經常被描繪成三種臉譜：精明幹練的商人、苦力和海盜。這幾類人當然極不一樣，但卻不乏共同性，例如他們都與中國本土的政治力量無大關聯。海盜是王法以外的世界，與中國政權也曾正面衝突過；苦力的權益則和商賈的風險相同，均未受到政府的關注或保護。對於這些海外移民，中國政府並未視爲國家權力的延伸部分，所以根本不曾以政治力量介入中國移民眾多的南洋社會。

這自然就注定了後來在中西勢力競爭中要吃癟。如法國、英國的殖民運動，其基本型態即與我國的移民活動不同。它們在東南亞的殖民，乃是以貿易爲手段，進行對該社會的政治控制，並推行其宗教文化意識。華人在當地經商，對政治總抱著遠漠的態度；對自己的宗教文化，認識亦甚有限；又缺乏整體組織力量，自然無力與之對抗，只能與之合作，向他們認同。反倒是殖民地統治者，忌憚華人勢力，頗思抑遏之。

這兩種型態，或許可以用新加坡和馬來西亞爲例。新加坡於一八一九年歸隸英國東印度公司，一九六三年脫離英殖民統治，六五年獨立。其人口結構中，華人占了百分之七十八。按理說，既經獨立，華人文化必然在此華人社會中佔居主導地位。然而不然，華人幾乎徹底認同了英國語言文化。殖民主義者留下來的語言，成爲當今新加坡社會最重要的官方語言、政府行政用語、法令規章用語、街道市招用語、高中以上學校唯一用語。社會上高階層人士及政府官員對中國文化並無理解，卻以擁有西式文化生活自豪。「華人」的屈辱，與殖民地時期，恐怕並無二致。

馬來西亞又不同。在英統治時期，英人對華人、馬來人、印度人，採「分而治之」的辦法。其時華人無論在經濟、教育文化上都較馬來人等占優勢。所以英人撤離時，便將政權交給了馬來人，結果馬來人便藉著英統治期間所構建的政治權力，極力抑遏華人。華人占了大馬人口的百分之三十以上，但在教育、工作、從政各方面受盡了歧視，華文的使用也屢受壓抑。華人正藉著家鄉會館、教育、華文文學、報紙的力量，進行艱苦的社會文化運動，與此惡劣環境搏鬥。

他們的遭遇不甚相同。但相同的是：中國，無論大陸或臺灣，都仍然不曾眞正關心那一羣中國移民，也不曾運用政治、經濟或文化力量去協助他們——這或許也是中國移民史上另一個值得注意的特色吧！

七十九、十、三《新生報》

地理・政治・權力

地理觀念，往往能改變人的思考方式及內容。

本世紀初，麥金德發表了〈歷史中的地理樞紐〉一篇不到二十五頁的小論文，這篇短文卻影響了近百年來許多事。

麥金德認爲：因尋找新的陸地而興起的海洋探險殖民活動，將隨著整個地球面貌之逐漸清晰而終止。在地球上，我們將重新發現：歐亞大陸仍然是世界自然地理的中心，是最大的陸塊；也是人類活動最頻繁、最集中，文明發展最耀眼的場域。這個地區，係世界政治之主要舞臺。稱它爲「世界島」，亦不爲過。在這個舞臺上，東有以中國爲主的東亞文明；西則爲歐洲。居舞臺之中心，被麥金德稱爲樞紐地帶的，則是歐亞之間，南起喜馬拉雅山，北至北極海；東起長江，西至窩瓦河的二千五百平方哩。此一地區位居世界島之中心，既爲海洋權力所不可能涉及處，又是歐亞大陸的心臟。誰佔據了這個心臟，誰就能統治世界島。誰統治了世界島，誰便能統治全世界。

麥金德的理論，想必是從歐洲發展的歷史中得來的教訓。因爲「歐洲文明，就其最眞實的意義而言，乃是爲抵抗來自亞洲的侵略之後果。……舊（歐洲）世界的邊緣，或遲或早，都曾感受到來自大草原機動武力的擴張壓力」。最早是匈奴，然後是蒙古，最近則是蘇俄。歐洲人，特別是德國，最服膺麥金德的理論，故積極與蘇俄爭這個心臟地帶。但一般講地緣政治的人，都認爲這塊心臟地區不能由德國或蘇俄獨佔，否則它們將成爲超級強國；應該在黑海至波羅的海之間，建立緩衝國。如巴黎和會決議在此建立一批獨立國，即本於此一思想。

二次世界大戰之後，蘇俄控制了這個地區，諸獨立國皆併入蘇聯。蘇聯也果然成爲宰制歐亞的主要力量。幸而尚有麥金德所未料及的世界島之外的美國，崛起平衡之。拖延迄今，局勢又變。兩德統一，歐洲單一市場即將統合，心臟地區諸小國亦已逐步脫離蘇聯，再次恢復二次世界大戰前的景觀。預料將來，此一心臟地區大概仍將成爲緩衝地段或強者逐鹿之地也。

但不管如何，這跟中國似乎沒什麼關係。在中國人的地理觀念中，我們從不曾考慮到什麼波羅的海、黑海，從來不曾把世界的中心定在中亞西亞。中國的地理中心是蘭州，中國人腦袋中的地理中心，卻是長安、南京或北京。蘭州已在西陲了，倘或出陽關、渡玉門，遠涉塔里木盆地，甚或翻過帕米爾高原，豈不是要上西天取經去了嗎？

事實上中國也長期承受這個地區的壓力，新疆、青海、西藏地區都曾長期壓迫著所謂中原地區的漢民族。清朝以後，這些地區正式收併中土。但迄今仍然爭端不斷，英俄德法諸國的力量亦不斷在此一地區運作。他們要在這些地區建立一些獨立國作爲緩衝地帶，其意義是不難明瞭的。

可是中國人對此並無太大警覺。既不曾想要進佔歐亞大陸的中心，也不注意其他國家對西陲的用心。我們自稱天朝、中國，其實是居於邊緣地區；自以爲是個大陸型國家，但事實上我們既不會也不可能掌握這個心臟地帶，所以根本不可能在歐亞大陸有什麼發展。依地緣政治觀及中國自限於葱嶺以東的傳統，中國只能在海上求發展，可是我們又自認爲是大陸國家，並未進行海洋開拓。

這種形勢，在過去因中國爲一自給自足的封閉體系，倘可以支撐。放在現代國際戰略格局中看，即不免左支右絀了。海不海、陸不陸，徘徊於海權與陸權之間。

此一困局，於清朝末年即已暴露。當時已有嚴重的海防與塞防之爭，而最後以清朝覆滅，不了了之。至今，臺灣有一部分海洋經貿發展的經驗，卻談不上海權戰略的國家發展；

中共則仍為一大陸型社會。雖然目前有人提出海洋中國的概念，但現在才起步，為時亦已晚矣。南中國海的羣島、北臺灣的釣魚臺，兩邊都無力保持，還談什麼海權？

那麼，發展空權嗎？中共是一直在這方面努力，咱們這兒也有人鼓吹發射衛星。但急起直追，能否迎頭趕上美蘇，希望亦甚渺茫。

轉動地球儀時，我也茫然了。

七十九、十二、十九《新生報》

「六四」沈思錄

一、「看戲的心情」

今天我來作這樣的報告，心情相當複雜，甚至到現在爲止，還不太淸楚我要講些什麼，也一直沒有辦法把我所要談的問題清楚地整理出來。因爲這次事件對整個中國來說，所牽連的範圍之廣、影響之深遠，都不是像我這樣的年齡、經驗所能理解、掌握的。所以我覺得要談這一問題相當困難。其次，我們在面對這樣重大事件時，所得到的訊息，相對於其他事件來說是相當多的，但我們對它的理解卻相當不足。不僅在我們接受的訊息中有非常多凌亂、錯誤及相互矛盾之處，我們對它的理解似乎也可說尙未正式展開。我們只是從電視、新聞報導、圖片及廣播中得到許許多多印象。這些經由電視或者圖片中得來一個個片段、切割的畫面，經常拍擊著我們的神經、震撼著我們的耳目視聽，使得我們對這件事情得到很多畫面、取得了很多的訊息。但到目前我們好像還不能很清楚地把它整理出來。反過來說，由於我們對這件事情的瞭解，是透過這樣零碎、片段、切割的畫面而吸收來的，所以我不免感覺，我們在看這件事情時好像在看一場戲。我們是透過錄影帶、電視、廣播而「看」到的。好像我們在電影院看戲時也會被整個劇情所感動，我們也會掩面哭泣、受到強烈的震撼。但出了戲院回家後，各人回到各人崗位去，看了一場戲，對我們未來的生活並沒有太大影響。六四到現在不過一百天，臺灣在六四時所激發的熱情到今天，如本月十二日政府或民間所舉辦的二場百日祭，一場取消，另外一場大概只有幾百人參加，我們即可知道這樣的熱情正在消褪中。這事件對我們的震撼，只不過像我們看了一場戲，作了場惡夢罷。這樣一種看戲的心情，我感覺彷彿還存留在我們的社會之中。

到底我們社會是不是像這樣，都在看戲呢？我不太曉得。不過以我個人來講，我是一個學習中文的人，也不是中共問題研究專家，甚至於可以說，我對中共的了解是非常淺薄，非常片面不足的。但我是一個研究中國文學、喜好中國文化的人，我所有的思想，主要來自於我所了解的中國文化。六四以後，我當然會去想：中國人面臨這樣一個困境、危機的時候，到底該怎麼辦？下一步，中國該朝哪一個方向去走？所以，這件事情起碼對我個人來說，有一個存在、切身的意義。同時，在這一次事件之前，我曾與淡江同事組織了一個訪問團到北京與北大、社會科學院的朋友們舉辦過二場有關五四七十週年的討論會。五四正好銜接在胡耀邦過世到六四之間。此種五四精神的重新招魂、重新呼喚，對於整個民主運動自有決定性的影響。因當時我曾參與過這樣一個活動，且一直到戒嚴，我們才離開。而在戒嚴展開、六四鎮壓結束後，我也曾經接到一封西北某大學的來信，希望我們轉給臺灣國民政府李登輝總統，他認爲他們學生用和平理性的抗議，已經沒有用了，面對這樣的「政府」，他們的和平遊行已經不能解決問題，他們強烈呼籲臺灣政府以武裝力量支持民主運動，推翻共產黨獨裁統治，建立民主自由之中國。他這樣的呼籲，我看了非常感動，但是我知道這個呼籲、他的這種想法，在今天是不可能辦到的，因爲我們也有我們的看法、我們的疑慮，同時我們對於他們亦不是非常瞭解。在事件後，除了大陸來信作這樣呼籲外，另外我們也透過一些管道，把整個學生運動、民主運動發展到六月二日宣傳的原始文件（我們未想到六月四日中共會採行鎮壓）整編出來編成了《呼喊自由》一書。這是當時天安門的原始文件紀錄。因爲當時我們已經發現，在這整個事件變成一歷史事件後，歷史已經開始有人在改寫。對於整個民主運動的來龍去脈及它中間所蘊藏的許多理念，恐怕將來都會受到扭曲。所以我們編輯了這樣的文獻，提供大家進一步的瞭解整個天安門民主運動的眞相。

二、悲劇發生後的觀察

在編完這本書後，剛好熊玠先生等學者到美國去，提出許多講法，他們是贊成中共鎮壓的。對於這樣的講法，無疑地，它符合了中共官方的希望，但此一事情在北美華人社會裏引起強烈震撼。在臺灣同樣地我們也發現：表面上傳播媒體、廣大輿論界裏固然是一片譴責之聲，但也有許多雜音，也有許多人認爲學生不知進退、學生的策略錯誤、他們的民主運動人士爲什麼不節制學生。有人甚至說，如果是我們的大學生盤據在總統府前介壽路的廣場上長達一個多月，我們的軍隊難道不會出動嗎？在這樣一個是非已經開始混淆的情況下，我有個特殊機會，因爲中共官方希望臺灣、香港能有一批學者到大陸上去瞭解所謂事情的「眞相」。透過一些關係跟我聯絡後，我到了北京。那時另有幾個訪問團在北京參加他們的夏令營，包括教師人權協會及夏潮的夏令營。我發現在六四屠城之後，臺灣知識分子到北京去常會變成大陸宣傳的工具。譬如中共每天都在《人民日報》上刊登臺灣這些知識分子如何去參觀、遊覽，怎麼樣去和他們的軍隊拍照、握手，怎麼樣慰勞士兵們說他們辛苦了，如何去參觀熊貓，然後批評我們政府說，這熊貓有什麼可怕的？臺灣政府爲什麼不讓它到臺灣來呢？然後中共報紙再說，是啊，臺灣這個政府爲什麼採取這樣僵化、頑固、腐敗、保守的態度呢？這熊貓有什麼可怕的，爲什麼要阻止兩岸交流、和平統一的道路等等。因此我告訴他們，我們不願意曝光、接受媒體採訪，願意從一個自由的知識分子角度瞭解這個事情。如果他們覺得外面的報導對他們不公平，我們希望瞭解事情的來龍去脈。所以他們也安排了戒嚴指揮部、首都鋼鐵廠及戒嚴部隊所拍的錄影帶讓我們看，希望我們看完之後，負擔類似熊玠先生這樣的角色。

所以再回到北京去以後，我把我在五月初到五月中旬所看到的、所瞭解的，及我從他們原始文件的資料上所得到的訊息，跟我七月中旬到北京後所得到的材料相互比對、相互印證。我得出一個獨立的、自由的知識分子的良知所做的判斷。而這個判斷很不幸的，跟中共官方的領導階層有相當大的衝突，這種衝突嚴重到我無法再繼續停留在北京聽他們陳述所謂的眞相。

我在人民大會堂吃飯的時候，幾乎就拂袖而去，回到北京飯店，我也直言不諱地對他們的官員坦白陳述我對整個事情痛切的想法，及對他們許多的批評。本來他們希望我到北戴河跟楊尚昆游泳、談話。但我覺得多談無益，我也沒有辦法再談下去了，所以我就飛到蘭州去。在蘭州有一個教授訪問團，我們十幾個人從蘭州沿著河西走廊到甘肅、青海、新疆。我在八月初再到北京進行我自己的理解。

三、民運的起因

大體上我今天所要做的報告就是綜合我以上所說的經驗。這個經驗老實說，也是微不足道的，也是非常片面、淺薄的。因爲我已經說過我對這個事情瞭解非常有限。

根據我的想法、看法，我進出大陸這麼多次，參觀過他們的一些研究機構，拜訪過他們一些研究人員。據我的理解，這次的學運慢慢發展爲民運，不能够單純地理解爲一個改革派和保守派的內部鬥爭，或者說這些學生、市民，他們就是支持改革的。我想面對大陸這麼一個錯綜複雜、龐大的社會，以簡單好人、壞人，改革、保守，進步、落後等等這樣簡單的二分概念，來處理這麼龐大的問題，是相當粗糙而危險的。

老實說，這次民主運動發展起來最根本的原因，恰好不是要繼續推動改革，而是要反對改革的。是改革開放十年後，面對改革開放所產生的各種社會弊端，所提出的一些總反省及總檢討。所以說趙紫陽是無論如何都要下臺的，只是趙紫陽在最後採取了策略，運用學運製造他個人聲望而已。就整個學運大方向言，它之所以會起來，之所以會那樣蓬勃、澎湃，到最後之所以會被鎮壓，有一個內在的理由，就是它是面對十年改革的總反省、總檢討。十年改革舉世叫好，一般人也都認爲它是個好的傾向。但十年改革帶來中共大陸非常多難以解決的困境，它不改革無以生存，但是十年的改革下來，它亦發現困難重重。這種困難在哪裏呢？大體上可做一個簡單瞭解，卽它開放沿海各省，沿海各省吸收外界資金，用外界獨資或與外界合資等等方式，來造成他整個經濟體制上內部的一個變化。但這樣的改革第一波接受灌漑的是沿海各省，所以沿海各省繁榮得非常快。然而沿海各省的迅速繁榮，高度發展，並沒有帶來大陸整體經濟的繁榮。反而大陸上內陸各省發現，沿海各省繁榮後，並沒有幫助內陸各省，反而內陸各省還要花很多力氣來幫助沿海各省。

所以，沿海各省和內陸之間，本身已經形成了一些矛盾。除了沿海和內陸的矛盾外，省和省之間也有矛盾。因爲每個省的建設程度相差實在太大，省和省之間的差距不是三年、五年的差距，動輒是十幾年、二十幾年的差距，如江西和湖南是鄰近的兩個省，文化和歷史關係是那樣的密切，但是江西和湖南建設上的差距，在我看，起碼有十年。這中間就構成了沿海與內陸之間的矛盾，省與省之間的矛盾，還有城鄉之間的矛盾。

城市裏內部人口集中，都市文化高度發展以後，城市居民的衣著、語言、習慣及思維方式已經和鄉下人不一樣了。而鄉下之間，有窮的鄉下也有有錢的鄉下。都市邊緣的農村極爲富裕。我們很多回去探親的朋友、回去參觀的朋友，坐車經過大陸都市時，會看到大陸都市邊緣的農村非常的富裕，不下於臺灣，他們會覺得臺灣的宣傳都是錯誤的、荒謬的，故意刻畫大陸的醜陋面。

其實不是這樣的。大陸城市邊緣的農村雖然高度富裕，但是其他的農村還是殘舊破敗的。所以說，農村本身也是非常複雜。城鄉之間又有一個非常緊張的關係，所有人口都流動到城市去，造成了城鄉建設的不均勻。而鄉村和鄉村之間又有差距。所以，這樣的問題構成了他們內部另外一大矛盾。

同時，人民內部也有矛盾。一個教授、一個知識分子，花了這麼長的時間讀書，但是他所得到的待遇，遠不如一個個體戶，遠不如一個擺地攤賣鐵釘的人。這樣一個貧富的差距，可以相差到幾十倍，幾百倍，上千倍。一個普通教員一年的薪水，大概只等於一個計程車司機一天的薪水，這樣的差距，遠比臺灣的貧富差距還要可怕。這個當然造成大家內部心情的不安定、浮動，再加上通貨膨脹，價格高漲，民生物資非常的困難，所以，大家必須通過各種管道，各種門路來想辦法，這就造成了普遍的民怨。這樣的矛盾、怨怒，已經累積非常久了。照這樣來說，個體戶好像是這個社會中得利的團體，其實也不然。因爲個體戶受到官員、特權階級層層的剝削、壓榨，本身也是一肚子苦水。所以在這種情況下，社會上普遍感覺：改革之後，生活是比以前好，但是社會秩序比以前壞了。貪贓枉法的人非常之多，道德低落、秩序敗壞，整個社會變成一片拜金主義。整個社會所有的受薪階級都覺得生活愈來愈難過了，因爲過去雖然錢很少，但是東西非常便宜，現在民生物資價格非常之高，對整個的改革，他們有非常多的怨怒。

而城市老百姓和農村老百姓，對整體世界觀，對整個世界的看法也是不一樣的，這中間，要他們共同爲民主來奮鬥，十分困難。因此，他們之間的不滿，就是整個學運和民運提出「反官倒」、「反貪污」能夠一呼百應，受到大家普遍贊成的基本原因。

此外，一個充滿民族主義的熱情、一種「中國已經站起來了，中國已經富強了，不再受外國奴役，不再受外國壓迫」，瀰漫在整個社會幾十年的美夢，在改革開放以後，徹底瓦解、徹底破碎了。每個人都看得很清楚，外國比中國好，外面進來的人，比大陸上的人體面、有教養，同時也有錢、有尊嚴。這點對大陸來講，造成非常重大的心理危機。他們感覺到，中國確實是不行了，不但國民所得居於世界第一百二十位，整個社會教育、人的品質，都顯現了非常低落的情況。

所以，爲什麼會出現像《河殤》這樣的東西？《河殤》問的就是：中國再不做改變，就要被開除地球籍了，再過幾年，到公元兩千年，地球上可能就沒有中國這個國家了。這顯示民族危機感已經非常濃厚。這種民族屈辱感，讓所有的年輕人都感覺到這個社會沒有希望，都想要出國，都想要逃出去。

大陸文學批評家告訴我說，整個大陸文學有個逃亡心態和逃亡意識。在社會上，也顯示急著出去、拋棄社會的態度。這種態度是非常可怕的。但是這個態度的背後，有個同樣可怕的東西，就是由於民族屈辱感、民族自尊心受到傷害以後，他們急迫地想重新喚回民族自信。

所以，在這個階段裏，同時有兩個力量在他們的社會中撞擊。一個是，我們的國家不行了，一定要想辦法，再不然就非常危險了。另外一種，由於這樣一個屈辱感，使得其重新覺得要恢復民族自信心，若不再恢復民族自信心，所有人都「向錢看」，所有人都學西方，我們要被西方瓦解了、被西方污染了。這兩股力量同時存在他們的社會之中，這樣的撞擊，使得整個學運也搖擺在這兩者之間。

除了社會的心理條件，還有一個理由就是戈巴契夫俄國的改革以及東歐集團最近這些年來的變化。整個共產世界、社會主義陣營本身內部的變化，使大陸上知識分子看到改變的曙光。他們覺得社會主義也不是不能改變。他們體認到，社會主義在實踐過程中，出現了許多問題。他們覺得東歐或蘇俄的經驗，可以提供給他們非常多的幫助。

這是非常重要的因素，是我們在評估學運時，不能忽略的。由這個經驗，他們又想到臺灣。國民黨在當時是被打敗而到臺灣來，根據中共的歷史，國民黨是腐敗了。可是這個腐敗的政權，爲什麼到了臺灣以後反而做好了呢？

根據他們的想法並把戈巴契夫的改革經驗，結合到臺灣的經驗上來，得出一種結論：在共產世界，或像中國這樣的世界裏，如果要推動改革，也許不能採取西方模式，而要採取權威強人的模式，就是權威主義。也就是說，臺灣的改革是由一個強而有力的領導中心，先總統　蔣公或蔣故總統經國先生，領導推動的。所以他們也希望能夠從共黨領導人內部找到一個強而有力的新的領導中心。因爲在中國或在社會主義陣營裏，從來就沒有一個能夠用西方民主參政的模式而得到成功的，必須尋找一個領袖，尋找一個開明的領導者，帶著大家來做。

所以，學運內部是非常複雜的，內部有非常多不同的理念在互相衝擊，他們之間也互相辯論。除了像戈巴契夫所建立的典範之外，還有一個就是五四精神的復甦。中共向來以五四的繼承者自居，今年在北京有關五四大大小小的會議起碼有上百個，而這些紀念運動，不只是集中在五四，他們從去年底今年初就開始了。許多會議翻來覆去就是談民主自由，闡述如何重新接上五四傳統。本來他們是以五四傳統自居的，但是他們發現，走了六十年，中共還在原地踏步，民主和科學到現在還是不見踪影，過去只是玷汚了五四，曲解了五四，並沒有繼承五四。

五月四日我在社會科學院開「五四七十週年紀念會」時，有一個年輕人跑上去，慷慨激昂地說，我們年年都說紀念五四，都說要發揚五四精神。小時候，政府告訴我，五四精神就是工農兵精神，所以我去北大荒開墾，跑去學農民，結果一無所獲，政府的解釋是錯誤的。

這也就是說，他們對五四精神有一個新的反省。這個新的反省，提出了一個非常重要的東西，除了民主、科學外，也重新提到社會對人的尊嚴、人的價值重新認定，呼應早期的人道主義精神。

四、民運的理念

我們對學運內部的理念探討還很缺乏。若對理念搞不清楚，我們可能會產生很多錯誤，對整個事件的評估，以臺灣經驗去想像，可能會差之毫釐、失之千里。

例如北大一份傳單提到，他們主張的是初步的民主政治，只是人民初步參與政治的權利，要求行政、立法、司法分開，保障集會、結社、新聞自由，不是以打倒某個領導人爲目的，而是啟迪民主運動。所以，他們的理念非常清楚。因此外界認爲學生理念不清楚、膚淺，這點有商榷的必要。根據我個人的想法和分析、觀察，學生們已意識到民主參與、監督等問題，但是，整個運動的訴求和產生，背後有一個強有力的因素、力量，就是他們對純潔政黨的期盼。中國共產黨的社會，是一個奇怪的社會，可以以兩句話來概括，就是「好話說盡，壞事做絕」，它所標榜的社會是完美純潔的社會。

在中國社會裏面，仍保留非常樸實、純眞的信仰；他們相信社會不公是不對的，社會要實踐公平的理想。所以這一次運動非常強烈的「反官倒」。「反官倒」和反對社會貧富差距拉大有密切的關係。「官倒」、特權是社會不公平，他們希望恢復社會的公平狀態。

理想是要重建一個公平的社會制度，否則他們希望能具體建立一個權力制衡的政治模式。分兩方面說：一方面是健全全國人民代表大會，強化其功能，建立一個三權分立的政治體制，而且能夠鼓勵人民參政；其次是要建立人民對政府的監督權，就是通過新聞自由進行人民對政府的監督。新聞自由的爭取也是這次運動中非常重要的地方，整個「突破口」在新聞自由。新聞自由若無法突破，那麼以下的啟蒙運動便無法展開。也就是說，整個民主運動蘊涵了一個非常有趣、非常重要的訊息——新的無產階級要求平反的意識。要談所謂的「新的無產階級」，我們應先了解大陸過去幾十年來，徹底改變了中國過去的傳統，把工農兵的階級往上擡，將資本家、地主之類的階級往下壓，其中壓得最厲害的就是知識分子，說什麼讀書愈多愈壞、讀書愈多愈是反革命，知識分子的地位在所有民眾之下。

五、對民運的反省

我們常會問：爲什麼天安門廣場到最後沒有辦法撤退呢？有兩個理由：第一個是中共政權根本沒有提供撤退的條件，到最後中共堅持不讓步，學生沒有理由，也沒有辦法找到下臺階來撤退；第二是整個運動根本是一個沒有領導者的運動，它內部還在爭執變動中，所以領導菁英是分散的。

其次是他們對於公平的信仰，這是一個非常可怕的東西。公平，我們都在追求，但是一個不公平的社會我們必須予以承認，一個社會也唯有在承認不公平的基礎上，這個社會才是有生機的；這個說法聽起來很怪異，事實上，人之所以在這個社會上還會有能力追求嚮往、奮鬥的目標，正是因爲我們現存的社會體制保障不公平！問題是說，每一個擁有較優越社會地位的人，他都能受到社會體制的保障！只要能採取一個正常的管道，每個人都可以合理的去想我要用多少努力去獲得，而不是要求那種一體化、平均化的公平。在大陸上他們反而要求那種一體化、平均化的公平，這個東西非常可怕。

第三個我要說的是：他們假如能不從政治體制改革入手反而比較好。通過社會體制的改革，達到一個整體社會的變化，這個時候政治權力卽非改變不可，政治結構非變化不可。以社會力量來壓迫政治力量的變化，這個方法是比較迂迴的，比較不容易受到政治力量立刻的反撲。但是大陸的知識分子，並不擅長社會性思考，只擅長政治性思考，這當然跟過去毛澤東所強調的「政治掛帥」有關，也跟大陸長期以來所推行的政治體制有關。這點我們當然不能夠太過苛責，這是我們對於整個學運起源、發展及內在理論的理解。

六、中共的「辦法」

那麼中共的態度呢？根據我的接觸，大致是這樣：六四以後，中共無論是對內或對外，它有兩個最重要的訴求：第一是重新呼喚人民的民族主義的愛國情操。它先定義此次學運追求的是西方資本階級自由化的民主，整個運動從一開始就有外在力量介入，不管是臺灣、香港或是其他歐美地區的記者報導一律都是謠言，各個媒體均懷有一個不可告人的目的，這就是帝國主義亡華之心不變，也可說成是干預內政。第二是訴諸社會秩序的道德訴求。資產階級自由化的運動造成了反革命的動亂、顚覆了社會秩序，所以要重新提倡倫理道德，重新掃蕩各種書刊上的色情和暴力。這兩個訴求在大陸上確實是很重要的，也可以打中大陸老百姓的心坎。它一方面利用國際之間的矛盾——中國與外國帝國主義之爭，一方面利用內部矛盾，鼓勵檢舉、告密，製造恐怖氣氛。

大陸上從六月八、九日以後開始籠罩在一片的恐怖氣氛中，電視裏中共公開鼓勵告密、檢舉，有人告訴我，北京市在當時幾乎已成爲「道路以目」的階段。「道路以目」這句話是說春秋時周厲王當政非常暴戾，老百姓敢怒不敢言，只好在街上行走時用眼睛傳達他們對社會、時政的看法。大陸現在也進入了這樣一個表面上看來已恢復平靜，實際上內部還停留在非常緊張的狀態。蘇曉康剛從大陸逃出來，他說這一百多天以來，他度過有生以來最恐怖的階段。這個恐怖的階段如果沒有經過比較，實在很難體會。

我五月份和六月四日以後兩度去北京。很明顯的看出，六月四日以後的北京非常蕭條，一個人口在一千二百萬左右的大都市，如今像個小城鎮。街頭上到處都是拿著槍桿子的軍人，連飯店裏頭也是一樣。甚至北京市區的辦公室、大廈、學術機構（社會科學院）都被軍人使用、監視，你就知道這種狀態緊張到什麼地步。除了「檢舉」、「告密」、「軍事管理」之外，中共同時還進行「學習」、「清查」、「逮捕」。我手邊現在有三本册子，分別是〈堅決擁護黨中央決策〉、〈堅決平息反革命暴亂〉、〈中國共產黨第十三屆中央委員會第四次全體會議公報〉，就是他們的學習文件。

大體說來，各單位上班時，都要學習這樣的文件，連新疆省的博物館也不例外。要閱讀、談心得、批評《河殤》一類的作品。大家不要以爲這沒什麼，這是大陸各機關的例行公事，它們是很具控制性的。這些手段被中共目前充分運用，製造了不少恐怖氣氛。

據我所知，中共因爲了解天安門事件已引起國際視聽上的嚴重關切，所以它採取了「對著幹」的態度，列舉了「十種人八種情況」要「除惡務盡」。我們曾經作了一些勸告，希望能療傷止痛，這個事件到此爲止；但是他們顯然沒有採納我們的看法和建議。共產黨爲什麼在天安門事件後這樣乖張荒謬？就其內部來說，他們自覺合理，而且是一種內部信仰上的觀念，就是其政黨的合法性和政權的正當性，是建立在其革命的合法性上面的。簡單說，就是「江山是老子打下來的」。這是一個唯一的、合法的、正當性的「政府」，人民只要是反對「政府」，就是反革命。這個觀念與「民主政黨」是完全不相容的。雙方最沒有辦法溝通的地方，一開始便發生在這個基本理念上。政黨哪有萬世一系的呢？天下是你打出來的沒錯，但是打天下的人也要爲他自己的政治措施負責，政治施政要得到人民的同意，所以才會有「黨執政」問題。否則什麼是「執政黨」？永遠都是一黨執政，就無所謂執政不執政。其次，中共強調人民政黨的純潔性——民主集中制（向黨集中的民主）。結合了傳統中的家長式權威，它的政權怎麼可能和老百姓產生「平等對話」呢？

它既然將自己類同於眞理、正義，眞理、正義怎麼可能出錯呢？共產黨是不會犯錯的，只有人民羣眾才會犯錯。它公開的要求那些參加運動的人，思想上要「拐個彎」。公開的這樣說，實在不可思議。同時，因爲它是眞理的化身，所以凡是跟它相違背的，一定是謊言、錯誤。各位恐怕很難相信，我到人民大會堂去，他們有一位政協副主席說：「中國共產黨從來不說假話。」這是一句分析命題，永恆爲眞。就是說你不管舉出多少證據說它說假話，這句話也永遠不會錯，它是一句恆眞句。他們新聞理念與我們相較之下更是完全相反。他們要求新聞的正確與眞。新聞怎麼可能爲眞？凡事只要是訴諸文字的報導，它在本質上就不可能等同於眞實。人的觀察有時間、地點、詮釋觀點等諸多限制，所有的報導都只是一種訊息、情報，讀者如何從中得知眞相呢？就是在新聞的相互錯綜、相互矛盾中得知眞理。如果連這個理念都沒有，只是「一言堂」，根本就沒有「新聞」可言了。中共不了解這點，還進一步限制新聞採訪，豈不可笑。何況新聞還有時效性，其客觀性是建立在平衡的報導上，而不是在傳達的速度上見其眞相。

我去了二次天安門廣場並作了一些調查，發現天安門廣場上有幾處疑點，這些疑點雖然不能做什麼樣的證據，但是可以提出來供各位參考。以下我所作的陳述，截至目前在中外的報導上還未提到過。第一點就是，在天安門廣場戰爭最慘烈也是學生最後聚集的地方——人民英雄紀念碑，是一個四角鋪有花崗石臺階，中間立有一碑的正方形臺石，臺階四邊連接地面，堅硬的花崗岩連子彈打上去都會彈起來。但是在人民英雄紀念碑上連接地面的幾層臺階，差不多都可發現有崩裂的現象。這些痕跡皆呈一個斜面的崩裂，看起來像是經過坦克車或是某重物撞擊遺留下來的。一位當時在場自稱在慘案發生時和事後進行過清場工作的軍人告訴我說，這個痕跡不是坦克車衝撞紀念碑驅散學生所造成的。而是當時在廣場上遺留下很多的帳棚和垃圾，在他們清場時堆積在紀念碑上一起燃燒造成的崩裂。臺階上的確有燃燒過的痕跡。但這裏面有一點可疑的是，那麼大的廣場可以燃燒的地方很多，爲何會集中在這塊對共黨政權來說，是一個神聖不可侵犯的地方？這點似乎令人感到不可思議。第二點是，在紀念碑臺階底下連接地面靠近人民大會堂這面的角落上，殘留著四個大字，因經過洗刷只剩下邊框依稀可以辨識，這四個偌大的字則是「六四慘案」。另外，在這四個大字前面還有幾個也是經洗刷而模糊的小字。可惜，當時我是倒著看，詳細的意思不大清楚，前面好像是寫著「北京人民我……」什麼的字樣。這些字絕非中共在六月四號清場後會有人冒險進去寫的，而是當天晚上軍隊要攻進天安門廣場學生在撤離前悲憤下寫下來的。由此可以證明，六四晚上天安門的確發生了恐怖的血腥鎭壓，而且其「眞相」到底如何並不頂重要。眞正重要的是，中共對人權的不尊重。我訪問一位中共官員，據他告訴我說：「我們黨中央的確不再追究學生，僅是抓有確實非法證據的暴亂分子，只要學生交代他們當時在何處又做些什麼事的報告便行了。」乍聽下好像還不錯，但我腦海裏卻忽然想到一部電影的故事——「布拉格之春」，這故事是敍述一位醫生在俄軍進入捷克時，與其他老百姓一同去抗暴，在俄軍坦克車駛進時，他的太太拿著相機在拍當做日後血腥的鑑證。不料，這些照片最後在俄軍控制全局後，淪入俄軍的手中並且照著照片中的人去抓，現在中共做的不就是這樣嗎？之後，蘇俄當局要求他寫一份懺悔書，表示對他過去行爲永不追究。這位醫生覺得這對他的人格是一大污辱，在不願意情況下，只好放棄醫生職業做一位油漆工。要求人民寫一份懺悔書，這種誣衊人格、扭曲個人意志的作爲，不也和中共對學生進行清查的行爲同出一轍嗎？這位官員又說：「這件事後，中共黨中央也有反省，認爲學生犯錯與民眾的認識不清，主要是過去十年來教育沒弄好才會這樣的，過去教育偏重知識，忽略道德教育，而所謂的道德教育，即是看個人的政治方向有無偏差。如有很多工人，雖然知識程度不高，但政治方向絕對正確，不像一羣受過高等教育的知識分子，譬如這次中央社會科學研究院中有不少研究員，竟不顧中央花那麼多金錢培養他們，要他們將來從事擁護黨中央推動黨的建設的使命，反而跑出來遊行造反。」試想，一個將學術、教育當成是政治統治工具的政權，對國家未來之前途有何益處呢？目前社會科學院已完全被軍人進佔，操在軍人手上。所有要登門進入的人，皆須持有證明，因私訪友一律由接待室聯繫，外國記者，港、澳、臺記者一律不准到院進行採訪拍照等等。對這些限制，大陸同胞眞是欲哭無淚。

七、哀痛後的期待

過去一百天來，對於天安門事件，基本上理性的思考並沒有發展開來，情緒的鼓動多於理性。更糟糕的是在我們熱情消退之後，我們還是不了解這次事件，卻已經開始厭倦，開始喪失資訊的新鮮性、新聞的新鮮性。我們應該強化從此次事件中學習到的理性思維，了解大陸是怎麼回事，共產黨是怎麼回事，未來應該朝向什麼樣的道路走，以及了解事件對整個中國造成了什麼樣的危機。第二點，過去一百天來，我們的媒體對此事件之報導有著很大的矛盾和糾紛存在，就是把天安門事件看作是他人的事，而把在臺灣的聲援活動看作是我們自己的事。例如早先趙少康在立法院提出聲援大陸民運時，便有人提出，那是別人的事。此種觀點影響了後來我們支援大陸民運的觀點，很多人便混淆在「對臺灣本土都不關心，怎麼還要去關心大陸」的矛盾之中，變成支援大陸和關心臺灣本土是一個對立的事情，造成內部力量的衝突和糾紛。此事件中，我們不斷的提起我們的利益和立場來討論問題。當我們在抗議、在反共的時候，我們卻又常常不能忘記自己的利益和立場，常常爲了自己的利益而妄自菲薄，以臺灣這樣一個獨立於大陸之外的強而有力的政治實體，這個時候都不能彰顯自己的政治力量。須知反共不但是一個道德上、民族上的問題，同時也是政治上的一種期許、一種長遠目標，然而現在大家卻拿來爲自己個人的利益著想，喪失了自己的立場。更糟糕的，是還有很多人在剝削大陸的民主運動，竟然拿這樣一個流血流淚的民主運動來作爲他們政治鬥爭的籌碼，這是一種最惡劣的政治行爲。所以說我們社會大多都在利用這次學運，而大家都忘記了這中間所應該抱持的人道立場。把死去的人當做工具，從來沒有眞正去關懷這些死去的人。這是以一種非常狹隘的、自私的立場來看這件事情，我覺得這是非常羞恥的。

具體而言，對這次事件我們應該加強對理性的認知，加強我們眞誠的關懷和了解。臺灣對大陸能提供的支援非常有限，唯有眞正去了解他們，才是對他們有實質的幫助。對他們而言，不被了解和尊重，比不被支持還可怕。往往臺灣方面在支持大陸同胞的時候，常常抱著不尊重的態度去進行兩岸的交流，這是非常要不得的。

我們未來的工作非常的艱鉅而漫長，它有一個重要的方向，也就是我一再強調的：目前我們的社會和政府對於大陸的報導和關懷主要集中在政治面和經濟面。我們的社會最注意的是大陸的經濟，我們的政府最注意的是大陸的政治，我們的傳播媒體幾乎都是與這兩方面有關。對於大陸，想要透過政治和經濟與之交流，進而改變它，是很困難的，而且我們也不見得佔有優勢。

對臺灣和大陸的內部民主運動而言，天安門學運是一種民主的啟蒙運動，是一種文化運動，要從文化的角度去了解它。所以在未來兩岸交流的發展上，大概也只有透過文化上的溝通與了解，以及文化上的更新，才能夠對大陸的政體和社會進行一些改變，對整個中國民族的未來發展才有前途和希望。

民國七十八年八月在世亞盟的演講

從開放到交流

海峽兩岸關係的進展，馬英九先生曾將之分為三個時期：⑴軍事衝突時期（民國三十八至六十七年）。⑵和平對峙時期（民國六十八年至七十七年），此時中共提出「和平統一祖國」及「三通」主張，放棄「解放臺灣」口號，希望以「一國兩制」解決所謂臺灣問題；我政府則提出三不政策以為回應。⑶民間交流時期，即自政府開放一般民眾赴大陸探親迄今之兩岸新關係。

這個全新的關係，在歷史上並無先例，因此觀察與處理均甚困難。早期有人嘲笑我們的「三不政策」猶如清末因鴉片戰爭與英人衝突而被俘的兩廣總督葉名琛，是：「不戰不和不走，不死不降不守，古之所無，今之所有。」此等比擬，自非的評。然兩岸非戰非和、既戰既和的狀態，確實也是古之所無的。

兩岸這種新關係的發展，似乎可以再細分成兩個階段，即「開放」與「交流」。

開放，始於民國七十六年十月十五日。當時政府在反共復國、光復國土目標不變的政策下開放探親，同時也提醒民眾要確保國家安全、防制中共統戰。如此開放，顯然不具有心靈開放的意義。而是一種單向、有限度的行動，向大陸輸入人員和「臺灣經驗」。

但閘門一旦開啟，要再予以限制，便甚困難。一方面是我們的民眾並不滿於只開放探親，他們希望全面開放經商、旅遊、講學等一切活動。例如《自立報系》徐璐、李永得衝破禁令往赴大陸採訪，被大陸讚美為「海峽第一隻春雁」，我們新聞局同他們打官司，結果還敗訴了哩。七十七年五月，國際科總年會在北平召開，中研院為了要派人參加，也惹得吳大猷先生大發脾氣。同年八月，藝術學院學生甚至參加了在深圳舉辦的「民族音樂短期進修班」。至於商人奔赴大陸冒險淘金者，更不計其數了。

另外一方面，大陸的物品、人員、資料等，欲進入臺灣地區之壓力也日益增大。例如大陸出版品大量在臺翻印銷售，阿城的小說，金觀濤、李澤厚、方勵之、嚴家其的著作，在青年知識份子之間廣為流行，引起不少討論。立法委員則在替貓熊辯護，說貓熊並非共產黨員，為何不准入境？

在此雙重壓力之下，政府遲至七十七年七月才訂立「淪陷地區出版品、電影片、廣播電視節目進入本國自由地區管理要點」、七十八年五月才通過「大陸同胞來臺探病及奔喪申請作業要點」，規範大陸人士及大眾傳播資料進入臺灣地區。也逐步放寬臺灣各界人士去大陸的限定。特別是民國七十八年「六四運動」之後，政府大幅度地開放了文教機構民間團體赴大陸訪問（七九、五、十六），出席國際會議（七九、三、二十六），大眾傳播事業赴大陸採訪、拍片、製作節目（七九、三、一）。兩岸正式進入交流階段。

自由開放邁向交流的過程中，事實上形成了諸多問題，「出現了若干事實、政策與法律相互脫序的現象，使政府的威信與守法民眾的權益受到影響」。另有些紊亂狀況，則是兩岸文化人之間法律與非法律問題的糾紛，像阿城的小說、方勵之的書，都曾引起版權紛擾；吳祖光和王藍也曾爲了幾十年前一篇劇作是否涉及抄襲，而大打筆墨官司。又有些團體，熱中於邀約大陸傑出人士來臺，卻因兩岸暌隔、缺乏文藝資訊，竟準備邀張恨水、梁漱溟、馮友蘭等已故世者來臺訪問。可見兩岸文化藝術交流，實屬於極爲混亂的無秩序狀態。盲目的熱情與浪漫之憧憬，瀰漫於文教界中。

然在此氣氛中，也激發了不少有益的反省。例如大陸作家參與臺灣各項文藝創作獎，往往囊括甚多獎項，對臺灣文學界衝擊甚大，頗令我們重新思考到臺灣文學在中國文學中的定位問題，對於未來發展的方向也有較多的討論。金觀濤、劉青峯夫婦「超穩定結構」說和思想路線與之相近的《河殤》，更是在社會上激起熱烈辯論，令人重新探索中國文化之進程與未來發展，同時也關切大陸可能的思想變局。諸如此類，可說是兩岸文學、藝術、思想，在隔閡四十年之後，重新展開有意義的激盪。學術思想，不再是作爲匪情和政治形勢觀察之一部份而被探討。是由文學藝術等學術文化的角度，眞正在思考中國文化的走向；確定臺灣在整體中國文化裏可以扮演的角色。這種研討，不僅增進了兩岸人民的了解，也強化了臺灣本身的學術文化活力。

在此期間，我們的文化界人士以絕不遜於工商團體的活力，奔走於大陸各地，採訪、調查、講學、寫作、辦理活動，成績亦甚可觀。如《大地》雜誌民國七十八年製作過黃土高原、黃河、滇緬公路、上海、西安、青海、大興安嶺、西藏、舟山羣島、雲南少數民族等專輯，其編採人員幾乎整年耗在那塊大地上。《牛頓雜誌》更在七十七年就製作過中國科技大學與資優教育、北京正負電子對撞機、青海湖、青藏高原等專題，也採訪過中共科學院院長周光召。《雄獅美術》也在七十八年三月與香港中華文化促進中心、大陸美術協會辦過「當代水墨新人獎」，據稱兩個月中，收到了千餘件作品參賽。另外，如梁丹丰「走過中國大地」的旅行寫作繪畫、胡榮華單騎走天涯的單車長征，也都是令人矚目的壯舉。這些活動，遍及體育、宗教、藝術、學術、教育、文化事業、大眾傳播……等各方面，例子是不勝枚舉的。從事這些交流活動的人士，亦頗有自豪之感。

但整體說來，這段交流時期並不成功。怎麼說呢？

民國七十六年至七十九年，是大陸形勢變化最劇烈的階段，也是社會最活潑、最有動力的時期。在這個時期，大陸的對臺政策，剛面臨臺灣開放的新格局，一時尚無法適應，也無法立刻調整步調與之對應。其臺辦人員初度組合，亦缺乏工作經驗，故顯得有點手足無措。連當時大陸的臺灣研究也剛起步，對臺灣社會並不了解，研判往往發生錯誤。而就在這中共對臺茫然失措之際，它對它社會本身的整體控制力也最衰弱，社會上充斥著轉變的契機與四散噴薄的熱力。其民眾又剛剛接受臺灣衝擊，初次感受到中國人民生活水準差距懸殊的事實，對中共的信心與感情，受到嚴格的挑戰。換句話說，這是一個對我方極為有利的機會。然而，在機會面前，我們把握了嗎？我們的文教交流，當此時會，是否已把握良機、創造時勢、影響或主導了大陸的變化？

在這方面，我們的表現事實上並不理想。政府的三不政策，係一守勢觀念，未能積極主動地推動大陸形勢之發展，白白喪失了大好機會。而且對兩岸關係，又似僅偏重於政治面的思考，缺乏政經文教之總體性估量。民間則不明白「交流」的意義與功能是什麼，但為交流而交流耳。或為賺錢而交流、為博取名聲而交流，趕潮流、顯身份、湊熱鬧而已。不曉得「交流」也者，實際上是另一種戰爭的別名。中共欲利用「交流」，達成它原先擬以「解放臺灣」所欲達到的功能；我們則希望藉著交流，使大陸社會產生變化，以達到兩岸人民生活方式逐步接近的結果，爲統一創造條件。這是彼此均不諱言的政治社會現實。兩岸交流若不建立在這個現實基礎上，空談交流，蓋與畫夢無異。民間許多人卻昧於現實，或反對這個現實，主張政經分離、文化與政治分離。殊不知，縱使我政府政治文化分離了，大陸又何嘗會放棄它的堅持與政策呢？

因此，文教交流，必須放在一個新的戰略架構中思考並運用。

八十、七、二十八《中華日報》

如何進行交流

(一)

兩岸交流，文教爲先。此等口號，固已爲眾所周知。然文教交流，究竟該如何交流法，則尚不免於眾口異辭，莫衷一是。

商人及仲介者，頗熱中於介紹彼岸表演藝術團體來臺獻藝，或展示文物及藝品。這雖亦號稱是文化交流，實屬商業活動，故政府不准大陸人士來臺做商業演出的規定，很受到這些團體與人士的抨擊。我們固然不能說商業活動，就一定與文化無關；但開放商業展售演出，在兩岸文教交流大業中，眞的那麼重要嗎？

熱心奔走推薦大陸表演團體與藝術作品者，往往傳達了「大陸是個藝術大國」的意象。臺灣人既對我們本身的文化藝術成就頗感自卑，自然也就認爲引進大陸之藝術，在文化意義上十分重大，且為促進兩岸互動之重要手段。

但大陸藝術成就如何，實在難說得很。許多領域勝於臺灣，也有許多門類遠不及臺灣。不過這些都不重要，重要的是：我們應知道在兩岸互動關係中，藝術實為一邊緣性角色，藝術交流做得再好、再熱絡，也不可能對大陸社會文化發展產生什麼具體影響。

我們一般只津津樂道大陸某一劇團、某一舞隊、某一藝人如何如何，卻未注意到整個藝術事業在中共社會體制內部處於什麼樣的地位。據一九八九年的統計，中共所有表演藝術團體，含話劇、兒童劇、滑稽劇、歌劇、舞劇、歌舞劇、樂團、合唱團、文工團、文宣隊、雜技、曲藝、木偶、皮影等，再加上劇場人員，再加上藝術創作、研究、展覽公司、演出公司等等，全部合起來，只有二十二萬八千八百五十六人。而大陸光是電影放映隊就有十九萬九千人，光是地質探勘隊員就有三十九萬七千人。藝術團體在大陸所占人數之少、所居地位之不關緊要，是令人咋舌的。對這麼小的社羣，我們把兩岸文化交流的眼光心力專注於此，是否恰當？

要知道，文教交流的目的，不應是替幾位商人、幾家經紀公司開拓財源；不是為一些藝人、一批藝術工作者找到相濡以沫的伙伴；也不是只為了看幾齣戲、聽幾場歌，添社會之熱鬧，遣生活之無聊。面對當代中國人的總體文化問題，文教交流，旨在提昇全中國人的文化生活品質，而不只是要照顧這少數人的生活，使其風光體面。

從事文化工作者，對此似應重予探索，慎加思慮。

八十、八、二十六《中時晚報》

（二）

兩岸關係的發展，目前似乎頗爲注意「對等」。

三保警事件時咱們去幾個人、去幾天，閩獅漁號事件時他們便也只能來幾個人、來幾天。此之謂對等。《中國時報》全文刊登了對楊尚昆的採訪，而大陸不肯全文刊載咱們的「國統綱領」，即是不對等。對於這種不對等的狀況，我們常不免忿忿不平。

但論對等恐須看狀況而定，某些事很難說什麼對等，例如三保警和閩獅漁號事件，整個事情本來就未必相同，一定要說只能比照三保警案，殊不免於拘泥執著，示人以不廣。至於說傳播資訊的不對等，則更是難說得很。

在政治方面，臺灣的意見甚少爲大陸傳媒採錄，確是事實。但在其他方面，大陸反而覺得臺灣限制較多。例如自一九八七年起大陸播映了「昨夜星辰」等十七部臺灣的電視影集。

六四事件以前，每年也核批四百部錄影帶進口。影星歌星在大陸舉辦演藝活動，亦極頻繁。而我們現在對於演藝人員在臺表演及從事拍片等活動，仍採限制辦法，對大陸有聲出版品、錄影帶進入臺灣地區，亦須管制，不准流通。大陸製作的電影電視節目，也仍不得在臺播放。大陸有專門摘選臺灣文藝作品刊錄的刊物，如《臺港文學選刊》，每期印刊數十萬本，我們則尚不太可能發行此類刊物……。

凡此種種，皆顯示了兩岸資訊傳播「不對等」的事實。我們是否也要追求讓大陸藝人來臺演出、讓大陸電視電影節目來臺播映的對等待遇呢？如此對等，對我們究竟有何好處？

換言之，不對等是事實。兩岸政治情勢、社會條件、文化需求都不一樣，不可能事事強求其對等。政府對兩岸關係的說辭，宜注意於此，方不致授人以口實。蓋地位、機構，可以強調對等。事務的處理，則應視現實狀況而調整，勿以對等原則自縛了手腳。

八十、八、二十《中時晚報》

(三)

「海峽兩岸漢字交流會」這次終於在北平召開了。對於關心當今中國文字問題的人士來說，這應該是個美好且有意義的訊息。

中共推行簡化字三十五年了。雷厲風行，固亦震動一時。然而，第二批簡化字方案被迫放棄，漢字拼音化宣告暫緩，其文字改革工作，顯然是已經遭到了阻力。做爲推動此一工作的最高行政機構，也由「國家語言文字改革委員會」改名爲「語言文字工作委員會」。其工作，則正面臨其內部之質疑與外來的挑戰。

所謂內部之質疑，是指其人民羣眾與學者專家，對簡化字並不完全認同，不但學界仍有巨大的反對勢力，民眾寫正體字的比例也逐漸增高。所謂外來的挑戰，當然主要指臺灣。臺灣堅持使用正體字，本身就對簡化字形成了競爭的與對照的結構性壓力，使得中共連《人民日報》海外版都不能不用正體字，簡化字只能成爲閉關自守的一套符號與圖騰。而現在，臺灣更要改變這種靜態的結構性壓力，以主動積極、正面挑戰的方式，直接跨海前去，在其內部批評它的文字簡化工程了。

對此挑戰，中共當然會顯得畏縮狐疑。但此會議終於能夠召開，且已圓滿閉幕，不能不說是理性面對文化問題的精神得到申張之結果。由周志文教授所率領的兩岸文字統合考察團，折衝周旋，其辛勞與成績亦宜紀念。

但兩岸文字的統一工作，此僅爲一開端。今後除了直接進行交流討論，面對文字的現實與歷史，我們似乎應該有更積極的作爲。

例如中共有國家語委，我們的文字整理工作則只交由教育部內一小組去做。如何統一事權、提高行政層級、擴大學界參與、結合民間企業及配合科技發展，對文字政策和中文世界化、資訊化的趨勢，進行統合規劃、研究審議，實乃刻不容緩之事。甚盼職事機關能博採周諮，妥爲擘劃，勇於承擔這積極改善兩岸文字生態的歷史任務。

八十、九、一《中時晚報》

如何觀察大陸

如何觀察大陸，已經成爲臺灣民眾最迫切應修習的課業。

早先，大陸只是地理教科書上的名詞組合，或地圖上的塊狀面積。書肆中對大陸的描述，大抵只有匪情報導和故鄉追憶兩大類。逐漸地，政治局勢變了，「匪」漸漸不復名之爲「匪」，而故鄉亦可以不再追憶。返鄉探望，親臨斯土，大陸陸塊又成爲鮮活的、與生命聯結在一起的具體社會了。

政府是在七十六年十一月宣布開放探親的，但該年十一月久大文化出版公司即已出版了《回到大陸的那一天》。其中介紹的案例，全都是政策宣布開放前去大陸的。此後，「非法」進入大陸的人士，依然絡繹不絕。記者、學人、演藝人士、文化團體，均在政策項目尚未開放時，即已大量赴大陸參觀訪問旅遊活動了。類似《回到大陸的那一天》的旅行報導、記遊誌行，每天都會出現在報刊雜誌上；有關的專著，也充斥於書肆中。

至今究竟發表了多少這類大陸見聞錄及旅遊文學，恐怕誰也沒有統計，但總字數應不少於兩千萬，而且仍在增加中。

如若有人能收集這些描述大陸的文章，並予以分析，那一定是件極有趣而又有意義的事。不只是因爲它見證了中國人四十多年的苦難、記錄了這個時代的痕迹；更值得注意的，是這些敍述彼此矛盾、錯綜複雜、荒唐譎亂，描述的是一則離奇的時代悲喜交集之戲劇，刻畫的是一個奇特不可究詰的社會，而其語言，本身也喧雜歧亂，難以辨識。要明白臺灣與大陸複雜的關係，不能光從政治口號及政客的動作上去了解，清理這批臺灣人看大陸的資料，是深刻理解兩岸關係的第一步。

例如在《回到大陸的那一天》裏，返鄉者看見的故鄉，「一切都還是走的時候的樣子」「感覺家裏有很大的問題，每個人都像是敵人一樣，互相攻擊不信任」「看過大陸那種沒有自由又落後的生活，我已經不願意再回去了」。

可是在作家王文興的《五省印象》中卻有迥然不同的描寫。

王文興一進廣州，便發現：「廣州人多數甚善良，且甚道德，無服裝暴露，男子眼中亦無色慾。眞是理想的道德田園城市。聽說城中極少罪案，極少殺人。」又說：「這樣的社會主義，井然有序，豐衣足食，我不懂何以我們不能取人之長、革己之短？」認爲我們應該向大陸學習。

到四川，他又發現：「東西破破，做事馬馬虎虎，但可貴，令人佩服的是，絲毫不減效率。」這與一般人批評大陸上辦事效率差完全不同，他的解釋是：「廚房中師傅有男有女，見他們坐在門外聊天休息，人數之多，有女侍那麼多。難怪菜燒得好，這麼多人替客人燒菜。」原來人多好辦事哩！

他到蘇州，見有人吐痰被罰，又曰：「這分明證明大陸實有法律，而臺灣，當學的地方還多得很。」

總之，他看大陸，處處見其美好，「在中國火車上，你感受到是在『美麗新世界』中，乾淨、效率、高科技的國度」「黿頭渚公園、堤岸、石板行道，建得盡善盡美，足證中共治事一板一眼，絕不敷衍」「農舍磚房築得那樣好，如別墅，全國如此」。因此，結論是：「中共實是經濟大國，經濟力很強，很強」「如果我們仍以爲差臺灣二十年，那是在做夢」。

作家的觀察能力，按理說自應高人一等，故彼所見，與返鄉老兵頗爲不同。據他看，大陸甚爲美好，連「蘇州地上的痲雀」，也「跳得比臺北的高得多」（文載《聯合文學》第六四、第六五期）。

許多人批評他所見非實，詫之爲奇談怪論。他則堅稱其所見所聞卽是如此。

當然，這並不能說只是由於老兵與作家之職業與身份不同以致看法各異，因爲王文興看長江三峽之水尚是濁黃的，而同屬臺大外文系之作家顏元叔卻認爲凡說長江水已濁黃者，皆洋人誣陷之詞、皆目盲者之言哩。他曾親自帶著錄影機去長江，要證明江水仍不甚濁，仍可養中華鱘。

爲何同是大陸社會與河山，觀者所見竟會如此懸異？他們說得如此不同，有時幾乎要讓我們誤以爲是在描述兩個互不相干的社會了。

這其中有些是因大陸地域遼闊，區域差異太大所致。探親者多返回農村鄉鎮，旅遊者則只在大觀光點駐足，本身對社會所具有的感情、食宿條件及觀覽所及，俱不相同。何況觀察者的身份，也常影響著觀察的內容，有些人只能晤見貧下中農，有的卻接受高級招待、享用帝王般的待遇。即使同屬旅遊，擠長途車、奔走購求車票、蹲硬座、挨悶棍者，焉能與乘公務車吆喝開道、睡軟臥、吹冷氣者相提並論？

去大陸遊歷者去的時間差異也很重要。例如剛開放探親之初，返鄉者皆攜彩電以俱。大陸家家戶戶缺乏家電用品，觀者無異辭。然而，到一九八八年，大陸事實上已經引進一百四十條生產線，共生產了二千六百五十九萬臺彩電。只有精研大陸經濟的專家，才知道大陸彩電業「五年的發展，超過了蘇聯和東歐國家十年的努力」，早已是個彩電工業大國。我們有時會發現他們市場上彩電仍然供不應求，其實是因體制關係造成的貨流不暢使然，並非其彩電製造不發達。

故此時去大陸旅行參觀者，就可能會看到與早期探親人士全然不同的景象：家家彩電、戶戶冰箱，好一派電氣化景觀也。於是他可能便覺得前此報導大陸之落後，皆屬妄見或爲惡意宣傳。

但也可能他仍看到民眾買不到彩電的狀況，所以他推測大陸彩電固然已造得不錯，然而老百姓太窮，故仍然買不起彩電。這又估計錯了。大陸國民所得是很低，但因社會體制不同，消費又低，其民間之購買力絕對不差。現在大陸民間擁有的現金已高達七千五百多億元，事實上正是個龐大的集團購買力，不可忽視的。觀察大陸的先生小姐們，走馬看花，徒憑感性觸會，未能了然其變遷歷程，故皆莫名所以，各說各話也。

除了以上這些因地域、時間、身份、旅行方式不同而形成的觀察差異之外，更嚴重的，是觀察同一座城市、面對同一批人，所見依然南轅北轍之例。就像顏元叔看長江，獨覺其澄淨動人；王文興去廣州，竟謂其爲一道德田園城市。其觀察何以如此與眾不同？

王文興說得好：「我之所以喜歡大陸，是因爲喜歡它的保守」「大陸市街因爲未現代化，故常給人親切感，亦就是美感」。這種類型的知識份子，對我們身處之社會，抱持著一種批判的態度。厭倦於高度現代化之後人被「物化」「外化」的處境，渴望回歸於自然田園。因此，相對於資本主義社會的腐化與非人化，他們情感上較爲認同強調社會公平的社會主義；相對於現代化、都市化的臺灣，他們比較喜歡保守的前現代社會。而恰好他們又都是標榜「獨立思考」的知識份子，因此，你政府越是宣傳臺灣經驗，他們就越反感，越是要說臺灣應該學大陸。

有些先生們看不慣他們的言論，反唇相稽道：「你老說大陸好，幹嘛不搬回去住呢？」這便是不懂得此類知識份子的心態了。蓋他們說大陸好，乃是在批判臺灣社會文化，以期使它更好。雖然其想法頗爲偏執，有烏托邦氣質，但做爲一種社會反省之手段、社會批評之方法，亦自有其功能。這種因社會批判而帶來的稱揚大陸言辭，與「爲匪宣傳」實不相同。只有深入了解我們社會中某些知識份子的不滿情緒、受挫心靈、純潔理想，才能明白此中曲折。

當然，民族主義情懷、觀光客心態等等，也都夾羼於所有的觀察報告中，糾結錯綜，亟待梳理。什麼樣的眼睛，看見什麼樣的社會。我們應當仔細觀察這些觀察，並反省我們自己看待大陸的眼光。

我覺得這個工作甚爲迫切。大陸不論是敵對團體抑或吾人故土，不能了解它，必將帶來極大的災難。而現在，大家還不太懂得如何觀察它呢！

八十、七、七《中華日報》

大嬸婆遊世界

「望夫崖」終於演完下片了。瓊瑤在這齣新戲裏，讓我們看到的究竟是什麼呢？依舊浪漫堅貞純粹的愛情，還是大陸的風光？

鏡頭從北京，一下帶到了雲南。爲的並非是劇情需要；而是爲了拍攝大理白族，所以製造了一段劇情。這種製造，爲的是滿足觀眾搜奇獵異的心理。故戲劇進行中，螢光幕上竟然打出長篇廣告詞，叫觀眾注意：這是在雲南大理拍的，動員了多少白族人士，演某角色者係白族少女；並請大家仔細欣賞他們的「白族國語」。觀眾看到這樣的廣告詞，立刻就懂得他正在觀賞的並不是一齣劇，而是一則觀光報導片了。那是另一部「八千里路雲和月」哩！

這種觀光報導，是以觀光客的心情和眼光，去搜索、蒐集我們這個社會所視爲奇特陌生的事物，發現神秘，滿足刺激。因此，瓊瑤選擇了雲南的白族；凌峯的「八千里路雲和月」則大量充斥各邊疆民族之風土人情。新開播的「海棠風情」亦復如此。一下內蒙古的那達穆大會，一下長白山下的朝鮮族，一下是新疆的烤羊肉串，一下是苗族的婚禮。搜奇蒐祕，不遺餘力。大陸少數民族風土人情，之所以如此氾濫於我們的螢光屏幕之上，正是與這種觀光客心態密不可分的。

觀光客心態，已在我臺灣資本主義商業消費社會中逐漸形塑出來。我們過去，多往東南亞旅遊；現在一般國民更有能力去北京、去桂林、去歐洲、澳洲觀光了。早期「大嬸婆遊臺北」的意象，逐漸代之以阿公阿婆遊北京或東京。但是，這些觀光者對於所遊之地，並無渴欲深入了解的願望，掠影浮光，拍照、尿尿、採購之後，即上車揚長而去。該地的歷史社會構成、文化問題，多未進入我們的意識領域。只有新奇且與我們習處之社會不同的表象物事，才能引起我們注意。所以我們雖然每年都有數百萬人去日本、去大陸、去東南亞，卻根本不能了解日本、大陸及東南亞各地，並未增長我們對世界與人生的認識。

這種心態，再加上了攝影機的鏡頭運作，一幅幅平面的、扭曲的世界圖像，便將此態度發揮得淋漓盡致了。

攝影機所呈現的影像，往往是虛假的。例如鏡頭上顯示天津「狗不理」包子店前大排長龍，人人排隊來買此肉包。它所呈現的意義是：門庭若市，生意興隆，名聞遐邇。所引起的觀賞者心理反應是：令人垂涎三尺，恨不得也隨影片中人那樣，去買一籠來嚐嚐。然而，社會主義國度，買啥不用排隊呢？不用說買狗不理包子了，買碗豆漿、買包草紙，往往都得排上半天。運鏡者及主播者，應當理解到這種社會結構差異，運用窺景窗導引我們，帶領觀眾一同去學習著如何觀察一個社會，並試圖深入了解這個社會的運作方式和可能存在的問題。而不是任由虛浮扭曲的影像、油腔滑調的俏皮話、吊兒郎當的觀光客態度，平面地虛構一則則當代神話，重新塑造一個「神秘東方」的浪漫假象。這樣的所謂報導，對於想眞實了解大陸或任何臺灣以外的社會，都不可能有所裨益。

俗語云：「一隻鴨子，環遊世界回來，還是隻鴨子。」因爲牠只是觀光旅遊了一番。如此看世界，豈能長見聞、增智慧乎？

八十、四、十四《中華日報》

面對少數

我在書店裏發現了一册《九隆王》的兒童童話故事書。

九隆王，是雲南白族的神話，最早可見於《後漢書》和《華陽國志》。源出於昆明，與白王神話有關。但這則故事從前並未被中土人士注意。現在，我們的出版商，在譯寫《格林童話》、《安徒生童話》逐漸爛熟厭膩之後，似乎已經把注意力轉向這些我國少數民族地區的神話與傳說了。

在出版商翻印或改編這些少數民族神話與傳說之際，學術界亦已展開了行動。許多學者遄赴雲南，考察上座部佛教的發展、納西族女兒國的社會制度、東巴文化等等。對於少數民族與華夏文明的關係，也做了許多新的探討，例如氐羌民族、彝族太陽曆、苗傜祭典的研究，均有助於思考中華文化之起源與摶合過程。這些研究，在民族學、人類學、神話學各方面，都是極珍貴的，能益人神思。

但這類專業學術研究，畢竟只在學術社羣內部激起漣漪。廣大的社會羣眾，比較不易察覺兩岸學術交流過程中，少數民族文化已漸成爲熱門的交流項目。可是，當大家走在街上，卻不難發現：街頭巷角這兩年新出現了許多小藝品店。這些典雅精緻的藝品舖，販售的多是大陸文物及手工藝品。而在一般民藝及手工藝品之外，少數民族之物器皿具，實爲其販售品之大宗。雲南各族的蠟染、汽鍋、刺繡、樂器、布織品，均係此類店舖中常見之物。

我們一般民眾正是藉著這些織染藝品，認識到雲南的少數民族文化；發現它已在我們社會中具體存在著，並參與了我們的藝術品味生活及資本主義商業運作體系。

會去買賣少數民族藝品的人，自然不算太多；可能也有不少粗心大意的人，對以上這些現象疏於觀察。然而，等到我們的電視工作者，把商業攝影機拉到那高原上，大拍諸少數民族祈福、賽會、辟邪、婚喪、節慶等活動時，少數民族原本獨立於遙遠山坳中的世界，便與我們的生活節奏緊密結合在一起，穿過一切阻隔，走入每個家庭的電視機裏了。

尤其是像瓊瑤的「望夫崖」那樣的劇情片，竟然把攝影機拉到雲南大理，大拍白族生活。在劇情正進行時，螢光幕上居然打出長篇廣告詞，略謂該戲動員多少白族人士參與，在戲中飾演某要角者卽爲白族少女，並請觀眾仔細欣賞彼等之「白族國語」云云。就戲劇來說，此舉誠屬幼稚可笑。但由此不難發現瓊瑤在構思製作這齣戲時，特殊的思維過程。顯然，她是先想到雲南，想到白族；然後爲了要硬扯上白族，乃讓男女主角從北京跑到雲南來，以便順理成章地大拍特拍白族之風土人情。如此「製造」劇情，可謂煞費周章。好在觀眾也不挑剔，因爲沒有人去管什麼劇情，大家只忙著看風景、觀察白族人跟漢人究竟有啥不同、看他們說國語有何特殊之處。

換言之，在兩岸文化交流日益頻繁之際，白族的神話與現況，對我們來說都已逐漸熟稔了。雖仍充滿了好奇，卻能意識到它的存在，且即存在於我們周遭。

白族，或雲南的少數民族，只是此類現象中之一例而已。中國有五十六個少數民族，雲南之外，遍布於臺灣、廣西、貴州、東北、蒙古、新疆、西藏等地。人口雖僅占全國總數百分之八，分布地卻廣達百分之六十以上。對這些民族，過去我們殊少關懷，且在大漢沙文主義影響下，視彼爲異端。現在則有不少人熱衷於收集他們的文物、研究他們的藝術、探討他們的文化。每年去大陸旅遊觀光的人士，也多喜歡去少數民族較多的地方遊歷。雜誌及電視，更是不輕易放過。製作過之有關少數民族生活的節目和報導，爲數實在不少。

凡此，皆有助於改善歷史的誤會，亦能豐富我們這個社會中的文化思維。然而，此中亦存在不少陰霾，值得我人注意。

誠然少數民族文化已逐漸被大家所熟悉，但大部分人是基於什麼態度去參觀遊賞此類文化表現呢？爲什麼在報導大陸風物時，我們會如此熱衷於少數民族之題材呢？仔細追問這類問題，我們卽將發現：我們並不是由於關懷少數民族的處境與文化遭遇，也不是爲了理解其社會構成及文化內涵，而如此熱衷。我們只是在消費他們。亦卽以各少數民族之文物，做爲消費社會中的一種產品。商人去那些地方採集搜購，巧取豪奪，捆載返臺後，這些藝品卽以其文化意涵而成爲一種特殊的商品。購買者不是因爲該物之質地材屬優美精妙，而是因爲它顯示了另一個文化團體的思維狀態。所以，消費買賣的不是某一物，乃是文化。那些節目及專輯，亦復如此。是爲了在視聽之娛上提供更新奇的材料，而非基於眞正的關懷與理解。

這種消費態度和觀光客的心情，使得我們只注意到一些皮相。掠影浮光，聊觀其衣飾行止而已。且只有那與我們社會不同的新奇物，才能吸引我們注意。所以，搜奇獵異，以滿足我們特殊的期待。這種期待，和西方人掛著相機來中國旅遊，以滿足其「神秘東方」的意象，基本型態並無不同。

此類態度，甚難使人學習到對於不同民族的理解與尊重。似乎大家看待白族、苗族、維吾爾族，與看待非洲黑人，心態並無太大不同。有時我們也會用我們在臺灣看待蘭嶼雅美族的眼光去揣想這些民族。可是，每個民族的文化發展和歷史遭遇均不甚相同，像維吾爾、哈撒克、蒙、藏、白、羌、苗等族，都不能用「原始」「落後」「愚昧」等辭彙去想像。這些民族在歷史上都曾創造過光輝的文明，與漢民族長期競爭頡抗，至今仍有不可低估的文化創造力量。臺灣客，腰纏十萬貫，騎鶴赴青康藏，不要瞧不起那些匍匐膜拜神佛的西藏人，西藏佛學之淵深博大，豈我臺灣觀光團之阿公阿婆所能懂乎？同理，締造過回紇帝國的維吾爾族，或在西南自成格局，建立南詔大理國的雲南少數民族等等，也都不是原始部落，其經典文物，燦然可觀。其歌舞技藝，亦離踏足搗杵之類簡單踊動甚遠。對於他們，我們理應保持敬意，汲潤其文明，以豐益我們的生活。而即使是那些仍處於較原始階段的民族，或刀耕火種，或衣不蔽體，然亦自有其生活原理與思維方式，值得我們去探索，非可漠然視之。

當然，除了尊重並理解其歷史文化之外，各民族具體的現實處境，也應關懷。一如臺灣原住民文化在社會變遷及文化衝擊下已逐漸剝蝕那樣，大陸各少數民族的民族自信心已漸沉淪，其文化保存已出現危機。這些危機，是今天兩岸間共同的災難，該如何處理？少數民族社會，在經濟及政治結構改變之後，將來他們又將朝什麼方向去發展？臺灣的核廢料堆置在蘭嶼，大家頗有怨言；大陸則根本就在新疆少數民族地區試爆核彈。這難道就是中國少數民族的命運嗎？

由這個角度看，在「中華民族」與「中國文化」這頂大帽子底下，自然就蘊蓄著一股不安與騷亂的氣氛。且不談民族獨立等政治議題，純由文化領域看，其中問題便極為複雜。五十幾個民族，各自擁有不同的世界觀和價值觀，各有不同的語言與宗教，如何協同共處，取得平衡的動態發展，實在是當今我們面對的新課題。據聞臺灣十一個原住民團體正組織了一個「臺灣原住民自治區議會籌備會」，主張除了國防外交等問題外，有關宗教、語言、藝術諸領域，原住民本身應有充分的自治權力。這種主張，會不會是受到大陸設置少數民族自治區自治州之政策的啟發？但這種自治區的經驗和功能，是否即是少數民族最好的選擇呢？

諸如此類，應是兩岸文化交流中衍生的重要問題，也是我中華民族邁向未來時無可廻避的挑戰，我們該怎麼辦？

《幼獅文藝》八十年五月號

繁榮與不繁榮

民國七十一年六月，李怡在當時仍稱爲《七十年代》的刊物上發表了一篇〈中國，爲什麼對文藝如此敏感？〉的文章。

現在，《七十年代》已經變成《九十年代》了，這個問號竟然尚未成爲老古董。五月十日，中共中宣部、文化部、廣電部竟又聯合發布了〈當前繁榮文藝創作意見〉，要加強管制文藝創作及傳播方式，端正寫作風氣，以配合黨的需要。

這是新版的毛澤東延安文藝講話。他們對文藝，是如此地「重視」，而且數十年不改，眞要叫人嘆爲觀止了。

文學家在中共社會中向來有較特殊的地位。像魯迅，單以其號稱如匕首如投槍的雜文，便能長期享有如此崇高的榮耀，成爲革命的導師、人格的標竿、文學的圭臬。在我們這個社會中根本是不可能的事。與魯迅筆戰的梁實秋，清秋寂寞，焉能與之相比？即使如胡適之，亦遠不及其聲光。

但尊崇文學家的社會，同樣也最懼怕文學。文學家如果不是像魯迅那樣早早故世，往往罹禍甚慘。如五七年反右，幾十萬知識分子遭殃，起於胡風事件；文革，則起於〈海瑞罷官〉和《三家村夜話》。一齣戲、幾篇雜文，竟能掀起如許波濤，實在是難以想像的。

當然，政治上的風潮，必然涉及實際權力的爭奪，不可能僅是文學藝術創作風格或表達方式上的爭執。

但是，我們也不能以爲這只是政治權力鬥爭，而拿文學藝術來做個生事的藉口。因爲，文革是什麼？據《中華文史論叢》第八輯簡茂森的分析，文革簡直就是一部四人幫亂批《水滸傳》的反革命史：「《水滸》這部書遭到空前的浩劫，硬被四人幫打成鼓吹投降、歌頌投降派的大毒草，一棍子打入冷宮。隨著揭批四人幫運動的深入發展，四人幫評《水滸》的反革命陰謀，業已眞相大白。」這段令人摸不著頭腦的妙評，其實正是《人民日報》一九七八年八月十一日的論調。此一論調，顯示了文藝絕非人生消閒娛樂之物，亦非權力鬥爭中的幌子。文藝創作路線之爭、對文學作品的評價或文學家的認識不同，都可能直接關聯著政治立場的批判，生死攸關，非同小可。

歷史、文藝、社會政治現實，在此根本是混一的。造成這種混融一體化現象的原因，在於這個社會基本上仍屬於尚未理性化功能分化之階段。歷史學、文學、藝術、經濟、政治、道德，皆不能安於各自的分位，亦皆無獨立性。猶如古希臘和中世紀經院派之學者，從不以爲經濟學應該視爲一獨立之學科，而是把經濟學視爲道德哲學或道德神學的一部分。對於這個社會中人，你若告訴他文學藝術有獨立的價值、意義與生命，不要跟政治扯到一塊兒，它非政治神學等等，他會認爲你中了邪，故有此反革命之謬論也。

正因爲如此，所以文藝從來不只是文藝。它不但就是政治，也符號性地代表了一切政治社會現實。就像我們想起文革就想起「白毛女」「紅色娘子軍」等樣板戲那樣。文藝，比現實還要現實地說明了政治是什麼。這是個現實權力傾軋與觀念衝突、意識型態爭鬩集合爲一的場域，廝殺起來，當然比政治上的鬥爭更爲慘烈。一切政治鬥爭，也均以鞏固這個陣地爲首要。倘若這個陣地丟了，則無可奈何花落去，結局是極殘酷的。

所以，近年大陸的變化，固然是由於經濟體制之改革。但這十年間，文學從「傷痕」到「尋根」再到「報告」，然後經由對文學與美學的討論，提出人的自覺、講文學的主體性，衝破了羣體意識的框套，導引整個知識界走向人性的探索與社會的反省，終於激發了民主運動的浪潮。這個過程，才是眞正形成社會鉅大變動的有效觀察線索。從經濟或政治方面是無法解釋問題的。

如果我們仍採資本主義社會常用的思考方式，去討論這個變動。以爲這是經濟改革的結果，或是經改而政不改所造成的矛盾。那我們就無法了解《河殤》與六四天安門民主運動的關係；也無法明白六四之後，中共經濟仍然堅持開放，卻使盡吃奶力去批《河殤》、整頓文藝書刊（掃黃、掃黑、反資產階級自由化）、撤換《文學評論》編輯組、發布繁榮當前文藝十原則……，究竟是什麼緣故了。在中共的思維邏輯中，經濟改革開放，所造成的傷害甚小，文藝陣地風氣變了，結果卻甚可怖。因此前者不妨儘量放鬆，後者則絕對不能手軟。

文學藝術工作者，向來抱怨政府及社會大眾不重視文藝。但看來還是不如此重視的好。臺灣的文藝差幸尚有一息苟延殘喘之地，正拜我國民黨政府不太懂文藝之賜。對於官衙門如此努力地繁榮文藝，我們恐怕還是甘於淡泊些吧。

八十、五、二十六《中華日報》

新中國未來記

對於具體事物，我們通常不易判斷其未來狀況。例如明天會不會下雨或某人明年是否依然健在，皆不好隨便論斷。但對於較龐大且層次較高之事務，我們不僅樂於預測，且往往認爲能夠測得準。君不見報章雜誌每每預測明年政局如何發展、世界關係如何變化、股市房地產前景如何……等等。「未來學」「趨勢研究」之類學問，對未來人類生存景況之描繪，亦復舉證歷歷，如在眼前。

此等預測，多爲想像力之構作，是對未來的想像與猜測。所設想的，其實是可能的未來，而非眞能未卜先知，示人吉凶也。

然正因爲它是想像力馳幽入幻的結果，故唯小說最能吻合其本質。清朝末年梁啟超《新中國未來記》便屬此類預言小說。《老殘遊記》中關於庚子拳亂和革命鼎新的預測，所謂「三元甲子」，亦屬此例。人在利用太空船登陸月球之前若干年，科幻小說即已預擬了不少登陸月球的辦法，星際大戰亦已揭幕甚久。可見想像力的運作，有時是恢詭無端的，只有小說能盡其曲折。而以預擬的世界，來討論現存的人生，似乎也只有小說方能得其彷彿。科幻小說，向來被視爲未來學研究中一個正式的部份，其學術價值，殊不亞於正式依調查報告與數據而撰構的學術論文，原因蓋卽在此。

想像猜測和理性的分析，向來被視爲兩回事。但在面對無法明知的幽暗未來世界時，理智有時而窮，想像力便瓜代了這個位置，成爲判斷未來世界可能走向的指標。換句話說，有時所謂的未來，常只是某些人腦子裏原先擬構出來的想像物。從這個角度看，我們便不難了解爲何預言小說竟常與後來事實之發展有著驚人的相似性。

也就是說，預言小說並非天氣預測，它只是想像揣度，不可當眞；然觀者若從此類妄言揣測中發現到某一社會中人正做如此想，卻也不難知曉社會將來會變成什麼個樣。預言小說非氣象報導，但由於此種弔詭，它顯然又具有告知大氣候將變以及朝何處變的能力。

這就是預言小說的特殊性質。

近日，由於《黃禍》之出版，預言小說又獲得了重視。但小說界談《黃禍》，細數預言小說之譜系，不免將它與赫胥黎《美麗新世界》、歐威爾《一九八四》等相提並論。而討論中國前途的政治經濟社會學界，則視此爲虛擬構幻。小說嘛，怎能當眞呢？所以也並沒有人想通過這本小說來討論中國政局。

我以爲這是不知預言小說之性質，及中國預言小說之傳統使然。這些「新中國未來記」，與西方預言小說所關切的問題及提出問題的方式，均不相同。小說本身之情節故事，固然是虛構的，但它顯示了當代大陸知識份子對中國文明危機的警覺。這種警覺以及它所透露的悲觀語調，與《老殘遊記》可謂遙遙相望，亡國之感，瀰漫眼前。

此非文人偶然感興之作。自一九八五年以降，危機意識與中國問題研究，在大陸熱烈展開。如《世界經濟導報》即對「中國會不會被開除地球籍」的問題，展開了一連串的討論，後來結集成數十萬言的大書。其他如《山坳上的中國》、《誰來承包中國》、《河殤》等，均屬此類探討。一時之間，如中國生態十大危機、中國教育十大危機一類講法，頗爲風行。

依這種危機論者看來，大陸人口膨脹、自然資源耗竭，再加上冥頑不靈的專制體制，可說已經瀕臨瓦解之邊緣了。中國未來不是被開除出地球籍，就是只能交由外國來承包。中國這個古老的民族及土地，業已生機耗竭，無法再行發展了。殤祭黃河，奔向海洋，棄絕一切，大死之後大甦，乃成爲唯一的生路。

《黃禍》其實就是這類危機理論論文的情節化、故事化。中國土崩瓦解，解散了它自己的軍隊、消滅了它自己的國家形式。膨脹的人口，在荒蕪的土地上無以存活，則只能流入世界各地。亡國了，中國人將如猶太人一樣，離開自己的家園，散居到世界各地去漂流。文明流亡，而生機就存在其中，猶如枯骨上會冒出一棵嫩綠的新芽。

古時夏桀的百姓，因不堪其暴政，發出：「時日喪予，予與汝偕亡」的呼聲。現在，中國人認為中國沒有希望了，只有亡國。他們一方面歌頌這偉大的滅亡，一方面寄望於大死之後乃能大甦。當政者自然要痛恨這「邪惡的詛咒」，他們則認為中國應該要遭到一次天譴了。

中國會不會滅亡，當然言之過早，但危機是客觀存在的。小說的情節，未必即能見於現實，然預言未來，事實上反映了現在的社會意識。活在臺灣的中國人，似乎也不能不注意這些預言。

要真正懂得大陸社會、了解六四之後知識份子如何預想中國之未來，得先學會如何看大陸的小說。

八十、七、二十一《中華日報》

巨人之癌

孔子入衛，第一個印象即是：「庶矣」，人多。也就是因爲人口已經繁衍夠了，孔子才會發出那一番著名的「富之，教之」政治理論。

歷來我們都循著孔子的思路，把人口視爲國家力量之重要憑據。倘若一個國家土地廣大，人口衆多，資源豐富，那當然就是個強國了。

但是，湯恩比「挑戰與回應」的歷史觀察模式中，卻提供了我們另一種可能的思考方式。他認爲一民族之文明發展，係由其面對挑戰所做的回應；刺激與挑戰越大，其回應便越強烈精采。然而，若挑戰太嚴峻了，該文明傾全力去應付尚且不暇，則其文明之創造性便無力朝其他方向發揮，反將造成文明的停滯，甚或死亡。如愛斯基摩文明即是如此。順著這個講法，我們是否也可以說，人口，適量的人口成長，可以帶來社會繁榮、生產力增加等優勢。可是人口膨脹到某個數量之後，人口多，不但不是優勢，反倒成了龐大的負擔。將消耗掉所有的資源、抵銷經濟建設成長、製造嚴重的社會問題……。對一個國家來說，絕非好事。

這便是中國當前的處境。國際政治上，大家都對中國土地之大、人口之多，又畏又愛。畏其廣庶、垂涎其市場，視爲強國。殊不知此一巨人已罹患癌症，遠景甚不樂觀也。

八月間，我在北京，道逢柴松林先生。他是去考察這次中共做的人口普查工作。我們預估這次普查結果，人口可能要超過十一億，而且還存在著許多隱藏性人口。對於如此龐大的人口，將來有什麼辦法處理嗎？他說：「沒有！」

大概確實是沒法子處理了。無論用什麼辦法壓低出生率，十一億人口的自然增長，很快人口便會直叩十三億大關。何況壓低出生率也非易事，現在實施不人道的一胎化，雷厲風行。但是一胎化只能行之於城市，農村仍然需要勞動力，必須准其多生；少數民族地區也仍應保護其生育。因此這些地方多生超生的人口，便抵銷了城市壓低出生率的效果。而城裏少生，農村多生的結果，又可能直接影響到將來的人口素質。現今大陸文盲仍達五分之一。若再經二十年，農村低教育人口子女增加，而文教設施未予大力改善，學校流失學童比率仍不能有效遏阻，那麼，文盲激增至人口的四分之一，並非難事。因此，中共現在的辦法，實乃飲鴆止渴。長遠看，不惟無法抑遏人口增加幅度，復將使人口素質繼續下降。

現在，因爲實施一胎化，大家都拼命生男孩，新生兒男與女的比例，據說已達到六比四。這是大不妙的訊息。旁的問題，猶好商量著解決，男女比例如此懸殊，將來可怎麼得了？

男女比例是大問題，老少比例也是問題。現在每家一人，將來兩個年輕人要養四個老人。人口結構之老化，必然日趨嚴重；老人工作能力日弱而安養所耗日多，對社會亦必爲一沈重的負擔。

諸如此類，我們都看不出有解決問題的曙光。本來一個政府對其人民之養生送死，乃應盡的基本義務；現在，卻可能已成了最難應付的課題。而未來這膨脹的人口，在產業結構未能改善、教育水準偏低、集體的性苦悶諸情況下，唯一的掙扎，可能就是對外作戰。捨此，幾乎無路可走。

因此，在全球對抗局勢漸次消弭，和解氣氛再度瀰漫之際，我們不可沈湎於其中，忘了擡頭看那已在天邊結集的烏雲。風暴與雷電，可能就快來了呢！

七十九、十、七《中華日報》

威懾戰略

人類長期處在戰爭與備戰狀態中，對戰爭的理解當然頗為深刻，中國人尤其如此。號稱兵學聖典的《孫子兵法》，至今仍能引起廣泛討論，或許也說明了我們對戰爭的重視。

現在我要說的，不是把《孫子兵法》運用到商務競爭、企業管理、人際關係上那種軟性的討論；而是在所謂世界和解氣氛中，戰爭卻即將在波斯灣展開，兩岸也似戰似和的關係底下，有人提倡重新重視《孫子兵法》這件事。

依大陸國際戰略研究基金會最近召開的「第二屆《孫子兵法》國際研討會」來觀察。大陸學者所提論文數十篇，顯示了相當值得注意的戰略思考傾向。

他們認為，以德國兵學家克勞塞維茨為代表的無限戰爭理論，現在已經不適用了。因為克勞塞維茨主張：「絕對的戰爭，即絕對的暴力，以一方將另一方完全消滅為結束」。可是現今世界戰略格局，並非一方對一方的兩極對抗，而是多極競爭。既是多極競爭，這其中便不再是簡單的零和對弈。況且現代化軍備力量，毀滅性太大，更不能貿然採取全面大戰的方式。非軍事型態直接衝突、以綜和國力爲競爭的型態，使得戰爭只能是局部的有限作戰；政治和外交等活動，替代了大部分戰鬥機能。這便是《孫子兵法》所提倡「伐謀」「伐交」理論大展身手的時代了。

也就是說，現代的戰略設計，並不強調軍事手段之使用。軍事手段只是做爲政治外交上獲取利益的後盾，或者做爲一種威嚇。亦卽「從政治上」使用武力，而非純粹軍事征戰。「威懾理論」於焉成形。

威懾理論，是現今中共戰略構想中最突出也最普遍的理論。它脫胎於二次世界大戰後的核子嚇阻戰略，並結合孫子「不戰而屈人之兵」的觀點。其大略設想爲：以伐謀、伐交爲手段，以軍事力量之強弱爲背景，對敵人構成「遏制」和「逼退」之效果。所謂：「凡用兵之法，全國爲上，破國次之。」現代的戰略不是要毀滅對方，乃是要把對方完整地吃下來。也不須要眞打，只要時時顯露作戰的決心、作戰的實力，並使敵人認識到卽可。藉此卽可構成對敵之威懾，然後在外交及政治上遏阻逼退之，使其不能動彈，以達致國家利益，或吃掉對方。

把《孫子兵法》解釋爲有限戰爭及威懾理論的代表人物，是不能成立的。美國學者約翰斯頓在此次會議中即有一論文，對於大陸學者之《孫子兵法》論，表示異議。謂其不能脗合該書原文的文義脈絡和全書思想結構。

但這不要緊。我們該問的是，爲什麼大陸兵學家都把「不戰而屈人之兵」這一句話單獨提出來講威懾戰略呢？又，在核武嚇阻之冷戰結構業已大幅改變了的時候，重新談嚇阻與防堵，其意義安在？

稍有點頭腦的人，不難聯想起兩岸關係。中共對我方所採用的基本策略，會不會是威懾理論的實際演練呢？在美蘇對抗中，美國所使用的嚇阻與圍堵辦法，現在正改頭換面，由中共來實施。整個戰略構想中，可能的對象，也許就是臺灣。

中共面對臺灣，並不準備「破國」，以軍事武力摧毀破壞之。它準備「全國」。一方面利用外交及政治手段，全面封殺我們的生存空間，實施防堵與逼退；一方面展示武力以及動用武力的決心，絕不放棄武力犯臺的宣示，由心理上瓦解敵人的意志。

他們說得很清楚：「將政治作爲戰爭行動決策的首要因素，是孫武軍事思想用戰爭手段處理國際政治關聯的靈魂」「運用外交手段以壯大自己、削弱對手，是孫武軍事思想對謀略運用的輝煌之作」「軍事威懾是一切威懾手段中最後，也最有利的手段」。

所以，臺海之間的戰爭，早已展開。這次，不再是舊型態的武力衝突，如古寧頭戰役或八二三砲戰那樣，但也絕非和平狀態。中共似乎正在進行威懾理論，逼迫臺灣就範。我們必須徹底認清時勢，勿以爲現在戰爭還沒有來，只要仍然保持臺海間的和平型態卽可；更莫以爲問題的癥結只在中共不肯宣佈放棄武力犯臺。因爲直接的武力戰爭，並不重要。威懾戰略的靈魂不在武力，而在政治外交；武力只在最後，敵人業已瓦解鬥志時進行局部有限作戰卽可。

當然，我們更得洞悉中共現今可能的戰略構想，並籌思突破威懾之道，勿爲其所懾。

七十九、十一、三《中華日報》

簡化字能繼續擇惡固執嗎？

去年，我與一羣朋友曾赴北平和中共語委會諸先生商榷文字問題。返臺後，於九月二十四日《中央日報》副刊發表了〈我談中共簡化字之弊病〉一文誌其事。最近，獲讀該會所辦《語文建設》一九九一年第三期。見其中居然有蘇培成〈就漢字簡化問題和臺灣學者商榷〉，係針對拙文而發。語雖謙抑，但仍堅稱漢字應該簡化。此殊不免於擇惡固執，令人大爲憾惋。

簡化字根本是一套錯誤的方案，所以凡替簡化字辯護者，都必須以游移、閃躲、轉挪論題、偏取例證……等手段爲之，任何人都不例外。例如講簡化字的先生們，喜歡強調現行簡化字中有許多乃宋元以來民間所通行之俗體字。但假如文字可以如此從眾從俗，「語委會」諸公又憑什麼去「規範」去禁止現在民間亂造字呢？何況，書寫過程中出現的個別簡省現象，跟改造出一套簡化字，包括整個構形系統、部首歸類，全部改變，焉能相提並論？以「古已有之」來辯護，除了模糊問題之外，有何功能？

這個現象，造成了主張簡化字之先生們從來不肯也不懂得面對事實。明明曉得「簡化字總表」一片混亂，卻硬要說中國文字原本卽有許多是在流傳過程中已經混亂了。彷彿找著旁人家犯了錯，自己就可以明火執仗地去幹壞事啦。他們明明曉得簡化字的推行，在中共政權中的圖騰意義，卻來扯：國民政府不也在民國三十五年公布過簡體字表嗎？這好像是說你也做過這件錯事，所以現在我做，就變成對的了，天下有如此論理者乎？何況兩事還未必相同哩。

我不喜歡這樣東拉西扯地談問題，也不願再與那些遁辭游辭相周旋。因此，本文不擬再闡述理論，只想舉些事實來做說明。

蘇先生說：「總之，我們認爲大陸的漢字簡化是成功的，由於減少了筆劃，方便了學習和書寫，也提高了文字的清晰度，因而受到了羣眾的歡迎。」是嗎？讓我們從事實上檢查一下。

就在《語文建設》這一期，慶祝簡化字方案公布三十五周年的專輯中，列舉了一些事實是這樣的：「近些年來，我國社會用字比較混亂，主要表現爲濫用繁體字、亂造簡體字。據抽樣調查統計，用字不規範現象中，濫用繁體字的情況，約占五〇%—六〇%。混亂現象比較突出的是在單位的牌匾、商標、廣告、商品包裝、產品介紹說明以及電影電視用字等方面」

「特別是濫用繁體字的現象目前還有發展的趨勢」。

這是「語委會」主任柳斌的報告。河北省教委副主任安效珍則說：「近幾年用字混亂現象也蔓延到學校」「在中學和師範對學生進行書法教育中，書法教師教學生寫繁體字」。「廣電部」副部長馬慶雄也指出：「我部在一九八七年會同語言文字工作委員會聯合頒發了〈關於廣播電視電影正確使用語言文字的若干規定〉，此後，用繁體字打字幕的現象依然十分嚴重」「有些人又熱中於用繁體字，造成文字使用上的混亂」，北師院教授徐仲華亦云：「現在繁體字的呼聲很高啊，連《人民日報》都發了文章。」……。

爲什麼號稱方案本身成功，又廣受人民羣眾歡迎的簡化字，推行了三十五年之後，竟還有那麼強悍的阻力？爲什麼仍有許多人熱中於使用正體字？包括藝術性的書法用字，面對羣眾的社會性文字，如廣告、字幕、商品包裝、商標、牌匾、產品介紹等，大家仍然愛用正體字，卽使不太會寫、卽使常寫錯，還是愛寫，爲什麼？

堅持簡化字的先生們不能對此不予思索，但知查禁防堵了事。更不能不正視人民羣眾的需要和喜愛，繼續擇惡固執，推行那既不合理又背乎時勢潮流的簡化字方案了。

現下有些人將正體字之增多，歸因於媚外，曰：「社會上颳起一陣港臺風，部分人產生了一種迎合、趨奉外商，以使用繁體字爲高雅的心理狀態。許多公司、企業裏使用繁體字成爲一種時尚」「推行簡化字三十多年後的今天，社會上的繁體字漸漸地多了起來。生活在特區的我，閒時步入市區，很容易發現諸如『護膚霜』之類廣告，以繁體字招徠港臺商人，似乎『對外等於繁體』」。

我們不否認兩岸交流，確實影響到大陸民眾的文字使用。然大陸正體字出現增多，真的只因迎合外商？需知「護膚霜」的廣告對象是大陸人民而不是臺商。且在非臺商麕集之地、非特區，廣告也是多愛用正體字的，不是「黨和國家領導人、書法家、老字號題寫的繁體字牌匾比較多」嗎？此與崇媚外商有何關係？何況文字之影響力，是相互作用的。臺港與大陸交流，並沒有使臺港民眾放棄那據說是繁難不易寫記的正體字，而選用號稱簡易科學的簡化字，反倒是習慣了簡易書寫者，熱中於寫難寫的字，此究竟是何道理？

道理之一，是簡化字本身無以服眾。依政治強制力推行的簡化字，費盡氣力弄了三十五年，其人民內部仍然得不到認同，不僅（以下引文皆出於《語文建設》。非敢斷章取義，只是想從這本主張簡化字的刊物中，讓大家看看簡化字實際上遭到多少批評）「有些人對簡化字有反感，認爲所有簡化字都是破壞文字的結構的，都是不如繁體字的」，不僅許多人覺得「寫簡體怎麼都不好看」「認爲寫繁體字才是藝術，對簡化字總覺得不順眼」，「甚至有人提出『以繁爲正』的『書同文』方式來達到海峽兩岸的和平統一」。堅持簡化字的先生們，一定比我們更清楚，在大陸內部仍然存在著強大的反對簡化字力量，它與官方政策一直在進行積極和消極的對抗。搞語文改革的朋友們，幸虧掌握了國家機器，故可以肆其威虐。真放到學術舞臺或人民羣眾中討論看看，語委會諸公敢一試否？

要知道，簡化字問題多多。它「破壞了相當一部分漢字的結構，增加了漢字構造的基本單位，增加了本來就已經够多的多音字的數量，不適當地合併了一些意義容易混淆的字」，所以「不能認爲字形簡單就一定容易認、容易記，就一定對文字信息處理有利」。而且，現行簡化字，「簡化過甚，反而不像漢字，甚至在海外影響民族感情，如启、广、厂三字就明顯失去平衡」；隨意減少筆畫，亦增加了許多容易寫錯的字，如「堯」寫成「尧」之類，「筆劃是大大的減少了，但就整體而言，漢字的結構就由此繁化了」「有時筆劃是少了一劃，但人們要單獨另記，加重了記憶的負擔」。同時「同音代替字」又「影響了表意的明確性，如用『斗』代『鬥』，『七斗八斗』是數詞加量詞呢，還是數詞加動詞？」這都顯示了簡化字所標榜的「易寫、易記、科學性」只是詐唬人的。擺出一副「漢字簡化是大勢所趨」的架勢，更是裝腔作態，忘記了中文繁化的事實，「好像漢字發展史裏沒有過繁化這回事似的」。

據該刊史有爲先生的估計，正簡字在認識難度、系統性、書寫速度、空間處置難度、筆劃和部件的種量、文字的穩定性、時空範圍內的信息流動難度等七個項目比較下，正負值相差不多。雖然他仍然判定簡化字得大於失，「但超過的差額並不多，失去的卻太多。失去如此之多，去獲得一種剛夠及格的方案，卻仍然是一種遺憾」。

他的評估雖對簡化字太過寬大，但這是眞誠的遺憾。這樣一套毛病百出的文字，如何教人翕然心服，悅然聽受呢？

況且，文字是配合社會發展的。古代字少，後世字多，因爲不增字增詞，即無法辨識社會新事物、無法更細緻地表達我們的思維與感情。在一個社會裏，僅有粗淺之知識與生活者，不需要也不可能使用繁雜的文字；但人的文化程度越高，他就必然會懂得運用更難的字、更豐富的詞彙來思維來探討來表述。因此，文字系統在發展史之進程中，必是隨社會之發達而愈趨精密龐雜。漢代許愼編《說文解字》不過九三五三字，至清《康熙字典》則收字五萬餘。揆諸洋文，其例從同。而在共時性社會結構中，文字也是與文化階層相吻合的。受過一般教育者，能使用國民常用字；教育程度再高些，便能用次常用字；再好些，則能運用罕用字。文學作品和哲學論述，文采煥發，用字尤爲矜愼瑰奇。我們不能因爲自己用字範圍窄，便心生忿恨，認爲那些寫難字罕用字者皆係有意與羣眾隔離，並進而詛咒那些難字罕字該死，應予簡化。然後強迫大家都只能使用這一套簡陋的文字。這是反文化的蠻橫搞法，也不符合文字發展的基本性質。

因此，只要人自認爲有文化，他就當然要寫正體字。縱使他是「黨和國家領導人」，是推動簡化字的大員，他在題額書匾等較正式的書法使用場合，他仍然喜歡寫正體字。推行簡化字三十五年之後，社會上仍普遍瀰漫著「以使用繁體字爲高雅的心理狀態」，原因正需從此處索解。同理，簡陋的社會，只能使用簡陋的文字。但社會逐漸發達、文化水平日益提高了以後，繁體字出現之頻率卽必然增高。這就是文字的社會性，也是文字發展的眞正趨勢。

錯誤的事，不可能因爲做得久了，就變成對的。簡化字誠然有企圖，無奈其不協於人心，無契於潮流，故費力勞而收功寡，其前景亦不樂觀。蓋一切文化，總是由粗糙到精深、由淺陋到豐縟、由簡單到細緻。文字乃社會羣眾共用之物，本不獨爲貧下無知農民而設。而貧下無知者也絕不會永遠甘於文化匱乏，他們也要成長、也要進步、也要從粗陋到精深。主張簡化文字者，漠視這種歷史發展的必然性與羣眾之需求，老想蠻橫地禁止別人「濫用繁體」，吾恐其心餘力絀而已。看來，主張簡化字的先生們，該補習補習文字學或文字社會學啦！

八十、八、五、六《中央日報》

變色的社會良心

——知識份子在大陸

「來來！要不要去？一個五十塊！」在酒筵上，一位教授伸出手來比劃著。「五十塊！」他再強調了一次，臉上煥發出喜悅興奮的光澤。

據他說，他已在大陸某地買下數公頃或數十公頃，準備投資設廠，該地公安部門或軍方司令部皆與相熟識。對該地的女人，那當然就更熟了。每次只要花人民幣五十元；若花五百元，則可在該地置一小妻云。

這類教授，我並不經常遇到，然偶逢一二例，卽已令我眼界大開。蓋臺灣開放赴大陸探親以來，對公教人員學術文化界人士，遲遲不肯准其赴大陸正常進行學術文化參觀調查及研究討論等活動。某些學界人士，便隨附觀光團體、工商業者往遊大陸。商人的文化水準及某些習氣，自然也影響到學人的行爲，狂吃濫嫖者，遂亦時有所聞。

當然，去大陸的學者中，此等人畢竟仍係少數，學人往大陸，除考察其社會一般狀況、遊歷印證往昔所讀史地風物之外，泰半仍以從事學術文化工作爲多。例如購選圖書、收集資料、訪問學者、參觀學術機構、應邀學術會議之類。與大陸社會的接觸面較小，也不易跟他們產生什麼齟齬；且因爲寄心高遠，現實面的參商，亦可以暫時拋開。而同行聚會，析疑問難、交換資料訊息，尤其感到親切。所以，學者在大陸，是臺胞中最能博人好感的一種流品。

雖然如此，這其中還是存在著一些問題。

例如去大陸開會。往往行前對主辦單位、該學門在大陸的發展與分布情況、自己該做的學術準備等等，不甚措意，抱著一種新奇探險、好玩的心理「去看看嘛」。到了開會地點，又耐不住枯寂，立刻找時間呼朋引伴遊市逛街、觀光採購去也。偶或閒談，甚少對會議之論題與文章，深入查考；反而常矜誇如何花少許錢買得了好東西，或袖出衣飾古玩以相嗟賞。這些舉動，看在大陸學界同行眼中，做何感想呢?他們往往要坐好幾天火車，從千里外趕來開會。且開放伊始，渴欲與在臺同行交換切磋。卻發現我們根本吊兒郎當，既欠準備，也不莊重。開起會來，會場上常找不到臺灣學者，只有主席臺前偌大的紅布幡，寫著「海峽兩岸研討會」或「歡迎臺灣學者蒞會」之類而已。至於我們沾沾自喜的便宜貨，更是他們不可能去買的殺人價，聽在他們耳朵裏，著實不是滋味。

同時，由於兩岸隔閡太甚，大陸學界在邀請臺灣學人赴會或講學時，亦欠缺可靠資訊。大多是靠觀光探親人士之關係輾轉與臺灣學界取得聯繫，或偶然認識的一兩位先期赴大陸觀光探親之學者，由其代爲號召。故赴會的未必眞屬專家。此等人士，到大陸上去河漢其談，也不免令人大爲驚異，懷疑臺灣學者的學養與品質。

有一次，政大中文系羅宗濤教授，便接到大陸邀請他去參加化學高分子會議。他當然不會去，但有些人卻不是如此。因爲對方未邀請尚要極力爭取哩，既來邀了豈有不去之理？亦有僅在某校兼一、二小時課，或只在專科備職、在文化界活動者，皆號稱教授。要求接待，儼然專家。滿口外行話，徒爲識者所竊笑而不自知。此外，則有不少掮客類型的人，在大陸到處套關係、找門路，甚至誇飾自己在臺灣的關係及影響力，胡吹大氣，以博小利。有時我們想找大陸學者合作寫稿或編譯，他們卻聽了這些人不負責任的某些說法及許諾，一本書，輒以爲可以有幾千美元的版稅可拿。搞亂了行情不說，還把兩岸學術交流的知識互補意義，轉移到財利的貪婪面去了。

以上這些，都不要緊。最糟糕的是：大多數學者，沒有超出他本行以外的知識；進入大陸，對其政經社會文教狀況乃至中國歷史傳統，一無所知。故往往舉止幼稚，言談失中。

有些人，面對大陸的貧窮落後，不自覺地顯露出悲憫之情，應對之間，便有憐憫之意，反而刺傷了大陸人的心。有些人又彷彿窮兒暴富，趾高氣昂，亦易引生反感。特別是大陸學者教員，每月工資百五十元左右，這個數字聽在我們耳裏，最易產生以上兩種反應。其實，我們不了解大陸特殊的體制，老是用臺灣的生活模式及經驗去揣想：「每月只新臺幣八百元左右，怎麼活啊！」可是，我們知道他們是連女性每月處理月經都由國家津貼的社會嗎？一個人的基本工資若百來元，其他零星補貼亦百餘元，小孩讀書是公費，房租水電瓦斯每月總數不超過十元，每日菜飯錢也不會超過十元， 生活其實比我們在臺灣還要寬綽。能寫稿的人，收入更可觀。大陸的稿費，每千字人民幣三十元至四十元，每月若刊個萬把字（大陸登長稿的地方極多，不像臺灣，我這篇文章若再寫長些，就會被主編扔進字紙簍裏），並不稀罕。在臺灣，你再能寫，每月能收入稿費達你薪水的四五倍嗎？單此一例，即已複雜至此，可見了解大陸之難，而要適當地與處在這個社會中的人應對，更難。不失之亢，則失之卑。

所謂失之卑，是說我們某些人去了大陸，宛如劉姥姥進大觀園，這也偉大，那也壯觀，看古蹟、賞文物、參觀其龐大的學術機構，不覺頓失所以，自慚形穢，覺得臺灣實在沒什麼文化。這種情形，以半吊子學者及傳播界爲甚。他們對臺灣近幾十年來的學術文化發展，其實並不了解，對臺灣的社會與自然資源亦乏認識，不知己， 故不能知彼， 徒震懾於某些皮相，發表些頌共媚共的言論，連大陸學界對此都引爲笑柄。

事實上我們對大陸應要有較爲準確的評估。山川之美，臺灣絲毫不遜於大陸。臺灣超過三千公尺以上的高山有百座，號稱百岳，而泰山嵩山等五嶽皆不過二千公尺左右。大河，黃河在蘭州段，寬僅如淡水河；長江在南京大橋附近，也差不多。論山川動植物之繁雜，大陸的山林亦鮮能匹敵。文物古蹟方面，大陸固然較擅勝場，但旅遊一般所見，大半是新修造的「古蹟」，年代約在三五百年上下。不比臺灣的古蹟古得太多。古蹟保護修繕之觀念與技術，亦甚窳陋。人文建設，那就更不要談了。大陸文盲半文盲，約合八億五千萬人；文教總支出，爲全世界倒數第二位。其學界力量也極單薄。我不曉得爲什麼竟有些人會如此喪失自信與自尊。

更可笑的，是自詡爲社會良心的知識分子，一到大陸，便丟掉了他的批判精神。對眞正的不義社會，反而極爲寬容、諒解；對中共這種政權，反而表示崇敬。以與屠城過後的解放軍合影、與某黨政要員共餐、接受何種等級的招待爲榮，互相炫耀，互相比較。「陳香梅憑什麼去住釣魚臺？」一位教授向我說這番話時，我知道他不是爲了什麼正義、理想、學術文化或兩岸關係，而只是因爲他竟然未被招待去釣魚臺國賓館裏開開洋葷，以致忿忿。

所以啊，中共要對付這羣知識分子太容易了。只要略假顏色，略施甜頭，你們彼此就爭風吃醋，忘其所以啦！
呀！尊貴的臺灣學者們！

七九、九、廿、中時晚報

人欲橫流的革命

談起兩岸關係或臺灣人在大陸的形象問題，「臺灣客愛嫖妓」這一事實總是最熱門的話題。過去臺灣女人給美國大兵嫖、給日本商人嫖，這會兒有錢去大陸玩女人，很能平衡此地人士某種屈辱感。但某些人行爲不端，使得所有臺灣客都爲人所側目，激發了誼屬同胞的大陸人民之憤怒，也帶來了另一種屈辱。這對兩岸關係如此敏感之情勢，似乎也會產生某些影響。因此其爲衆所矚目，當爲情理所應然。

對於某些臺商在大陸冶遊荒唐之行徑，一般人多持批評態度。這是對的。臺灣之富裕，並未教會我們對人的尊重，仗恃著有錢，對同胞們恣其玩侮，確實令人愧恥。

然而，自卑與自責當如其份。臺灣客嫖妓之問題，並不全在於臺灣人無廉恥、道德低落。請讓我們擴大來看：大陸的娼妓難道只做臺灣人的生意嗎？顯然大陸娼妓活動熾烈、色情業日益發達，是大陸社會當前重大問題之一，臺灣人只是適巧在這個時機進入到這個社會現實中，成爲消費者之一罷了。

如此說，並非爲了替淫蟲們脫罪，只是建議大家注意大陸社會變革之事實。近些年來，由於改革開放，商業活動熱絡，不但農村少女大量湧入城市，價值觀及生活方式亦劇烈變化。社會上色情氾濫，已成爲嚴重的問題。據今年五月份的統計，謂去年「掃黃」，已掃出黃色書刊三千萬册、音像錄帶二百萬盒、非法活動點三千兩百多處、犯罪八萬人、走私違禁物七十八萬件。掃出者如此，未及查獲者，當然更爲可觀。所以中共當局稱此爲「黃毒」。我臺灣旅客去大陸，也輒爲深夜旅店中拉客宿夜的電話所苦。半夜鈴聲大作，睡眼惺忪接起來一聽，卻是嬌滴滴的鶯聲燕語：「先生，你寂寞嗎？」

從表象上看，此與臺灣甚爲類似矣。觀察家們或曰：此乃大陸社會逐漸資本主義化的徵象。因爲女人以她自己異化爲貨物，作爲銷售之對象，性行爲也成了金錢交易，充分顯示資本主義社會之腐敗本質。資本主義的臺灣已經漸漸雷同於美國、日本了，色情氾濫；所以我們某些文人對大陸仍抱著純潔的嚮往，以爲那是個「男子眼中亦無色慾」的「理想的道德田園城市」。誰料現在竟也如此，實在令人扼腕。這都是外國人及臺灣客帶來的壞風氣，都是資產階級自由化思潮影響下的結果——他們如此說。

然而，娼妓與性交易，自古有之，非資本主義社會才有性買賣。因此這個問題不能如此看。當知這種人慾橫流的景象即是針對中共四十年體制的反叛，是對這個號稱無娼妓、無乞丐道德國度的全面背離。

讓我引一段《中國圖書評論》一九九〇年第五期一篇文章來說明這個問題。

該期「譯著選評」中刊有陸鳴〈鼓吹人欲橫流的《性倫理學》〉一文，批評「坊間流行一本編譯的《性倫理學》」，謂其書主張賣淫現象流行於任何一個早婚困難及婚外性交受譴責的社會，且想以法律禁止性交易絕無可能。作者說：「書中擴散的觀點……勢將得出如下荒謬的結論：(1)出現賣淫現象，一怨提倡晚婚，二怨反對婚外性交；(2)建國初期解放妓女，是多此一舉；(3)把賣淫嫖娼列爲『六害』之首來掃除，非但不能奏效，而且後果更爲嚴重。」

這本遭批判的書，乃「農村讀物出版社」所出版，蓋將推薦予農民閱讀者。評者對之撻伐甚爲嚴厲，讓我們嗅到官方掃黃式的氣息。然而，隔頁竟是另一篇推介靄里士《性心理學》的文章，第一句就是自謙：「在性熱的年份，閱讀並介紹性心理學，頗有趕時髦之嫌。」可見人欲橫流的問題，畢竟是逃不掉也避不開的！

這些事例說明了性問題已成爲大眾關切的焦點之一，從城市到農莊、從官方到民間的反叛者，都來此新鬪戰場。親官方立場者，謂一九八二年少年犯罪中，性犯罪只占百分之十；

一九八七年以後，卻達到百分之四一。呼籲社會各界討伐色情，拯救青少年。但批判者則皆深知：要拯救的不是青少年，而是共產主義。

因爲現在這股性熱潮，一方面是社會結構重組，經濟體制變遷的結果（其相關聯之現象爲：女性角色認同之變化、女性意識擡頭、離婚率增大等等）；一方面則是意識上深刻反省的結果。正如陸鳴的文章所指出，批判的矛頭直指中共建國以來的道德神話。

一九八五年，在文學藝術界興起的「性大潮」，事實上即是在長期壓抑後，人對自然生命、情欲生命的重新追求。性問題、性需求、性描寫，成爲文藝探討的主題。性解放，成了「人的解放」之重要關鍵。這種性解放的渴求，或者說以宣揚性解放來顛覆既存的社會秩序，引生社會革命，並非特例。我們在清朝末年或西方社運學運中均能發現類似之理論與現象。而在大陸，「以庸俗反神聖」，是配合改革開放，在思維上反叛官方欽定意識內容的主要精神。亦即從自然本體論，強調歷史的客觀規律、社會集體的價值，回歸到實踐本體論，講具體的人的生活，個體的、感性的人。革命之狂熱浪漫神聖性，逐步消解。人不再爲社會主義、黨、偉大祖國奉獻，人都該過一種具體的生活，重新得到他自己、活得像他自己。在這個脈絡下，越是世俗甚或庸俗，而爲道德先生所不屑齒及者，越是具有反叛意味，例如性，例如屎尿，都是好題材。剛到臺灣訪問的「民陣」新領導人朱嘉明，就寫過一本《中國需要厠所革命》哩。

厠所革命，含意非一般觀光客所說大陸該多建好厠所那樣簡單。這個口號是具革命意義的，是對一切禁制的反叛。性器官與排洩器官，如此之接近，其所代表之意義當然甚爲一致。

正是爲了這個意義，中共官方才會在「六四」之後，立刻發動大規模掃黃運動。掃黃的結果，禁掉百分之十二的報紙、百分之十三的社科期刊、百分之七點六的出版社，也禁掉了「菊豆」這樣的電影。相反地，他們也才會想重新提倡學習「雷鋒」爲黨爲社會奉獻的精神。

這場鬥爭，目前勝負難料。但社會總體結構在變，改革開放不斷深化，中共欲效魯陽之揮戈返日，看來是難可奏效了。讓我們學習順著這一脈絡繼續觀察大陸社會吧。

八十、八、十一《中華日報》

傳播媒體的新角色

行政院主計處近將新聞業歸入「製造業」中，新聞業者爲之大嘩。但市井相傳，對新聞界的批評，恐怕更爲不堪。兩岸特殊情勢發展中，媒體所扮演的角色，近來尤其常遭質疑，像海基會陳長文秘書長便曾反映：「新聞界幫倒忙。」新聞界本身也曾針對此事展開反省，七月二十九日「新聞橋」節目所討論的，卽爲此一問題。

由於兩岸關係高度敏感，兩岸之決策者都透過媒體來進行政治試探與回應；媒體本身，對於時局，也不能不進行觀察與探測。但政局複雜，採訪本多限制，媒體對消息來源很難有效掌握，對訊息也不易查證，其品質原本就很粗糙。加上新聞追逐戰的媒體競爭，有時既可能壓迫政府限時做出回應，也可能成了中共傳話的工具。在事涉兩岸時，夾處於血緣關係和現實政治敵體兩種心情中的新聞從業人員，更是深感矛盾，不知如何落筆，才是最好的立場。

在複雜詭譎的情勢中發掘眞相，在新聞客觀報導與國家利益之間，尋求價值選擇的平衡點，可眞不是件容易的事。但問題如果只是這樣，倒也好辦，現在我們所面臨的狀況，其實比這兩點更爲困難。

因爲這些問題，恰巧發生在解嚴以後媒體結構變遷之際，媒體的組織與體質、新聞編採的素質，都正是脆弱而且充滿變異性的。這個時候，我們所面臨的，更不是新聞自由與國家（公眾）利益之矛盾衝突問題，而是大家對於何者方爲國家利益，見解互異。

換言之，在兩岸關係中，我們幾乎無法討論「我方」媒體應如何扮演其角色，因爲我方媒體本非一致性的立場，角色功能亦各不同。例如《民眾日報》、《自立報系》，其本身卽有一特殊媒體立場，強調本土觀點，對於兩岸發展，抱持著一種懷疑的、監督的態度。而《中國晨報》報系或《太平洋論壇報》這類媒體，則對所謂本土化深表疑慮。他們不僅在批判臺獨方面與中共態度一致，且常爲了反臺獨，而對中共之言論予以配合；對共黨之批評相對減少。又有些報紙，希望能藉著拓展大陸之「業務」，強化本身在臺灣的市場言論空間；有些則與大陸報刊有交換資訊等合作關係。他們在報導或評述兩岸情勢時，不僅有血緣因素夾羼於其中，更有政治立場和現實利益的考慮在影響著言論。這些媒體，又無不自認爲他們才眞正符合了國家的利益。

在這種情況下，做爲一名閱聽人，實在非常辛苦，他必須深知各媒體本身的主觀性與政治立場，才可能比對地解讀訊息。媒體當然也不輕鬆，它固然可以有它本身的立場，然而，它更應該把這段時間視爲媒體自我成長與更新的機會，不但要面對同業的競爭，也要面對一個全新的社會、全然不同的媒體運作體系，並進入其中。這時，媒體除了以立場自矜自詡之外，似乎也應有些自我期許，把自己看成是跟政府共同推動大陸政策，共同創造歷史的同伴。

媒體在這個時候，也可能應對中共管制及運用媒體的方式及歷史，再深入了解些；對無可查證的消息，再審慎處理些。也不能因爲怕中共報復，傷害了本身在大陸的利益，而在言論上自我節制。同時，我們亦應注意到：新聞客觀中立與國家利益之衝突，主要是集中在政治面，而媒體太過關切政治面，且太偏向於從中共官方體制中去找政治新聞，正是它易受中共誘導的主要原因，似乎我們應加強對大陸社會較全面、較深、較廣的報導。畢竟充分報導，是了解兩岸現實狀況的重要手段，媒體在此，仍然大可施展。

八十、九《文訊月刊》

三位文人的故事

《海峽評論》第二期的主體文章，是大陸中國社會科學院文學所研究人員何新的〈世界經濟形勢與中國經濟問題〉。配合這篇文章，另刊了顏元叔、陳映眞、田心喩、李娟四人的文章。顏氏對何新大爲讚美，陳映眞對何新很期許，田文有點批評，李文報導了西方記者筆下的何新。整個設計顯然可以看出該刊的態度，因爲包括該刊末尾的讀者投書，都有兩篇是在稱揚何新的。

我們不想對某一刊物進行媒體剖析。吸引我們注意此一事件的另一個原因，蓋在於此一事件中三位主要角色，均爲文學工作者：何新是文學所的人，他自稱與前任所長劉再復「在對中國文學中所謂現代派的評價，一直有分歧」。顏元叔早年推動比較文學，創作小說及散文亦有聲於時。陳映眞的小說則曾被稱爲「海峽兩岸第一人」。他們不約而同地發表認同中共社會主義之文章，頗令我輩好奇也。

這其中，最妙的是顏元叔。他讀何新的文章，讀得泫然淚下，讀得「義憤」塡膺，大罵那些批評中共統治下之大陸仍然落後的人是睜眼說瞎話、是漢奸、是狗華人、是爛香蕉，大罵民運學運人士是舔洋人後跟的小丑，大罵訕笑大陸厠所沒有門的人是「沒有人性的畜牲」。又大大讚美四十年來大陸之苦難，是中國政治社會精神的大蛻變，爲中國人爭了一口氣，打民族復興的仗：把北大荒墾出來了，把大慶油田打出來了，把葛洲壩築起來了，把中國建設起來了……。基於此，他認爲中國不需要自由和民主，只要大家都做藍螞蟻！顏先生曰：

「我膽敢高呼：反民主！反自由！」

壯哉，顏氏之言。陳映眞尙無此露骨之語，只是一再重複他那套反帝反霸、第三世界、社會主義的論調，肯定中共的社會主義建設。

何新是一位支持中共政府鎭壓民運、爲中共官方提供理論依據的文人，強調「反自由化在中國有深刻而直接的政治意義，其核心就是堅持四項原則。四項原則，就是國家現實制度所賴以存在的道義和意識形態基礎」。在六四以後，說這種話的人，是何肺肝呢？顏陳諸公，在讚美、期許、動心、瞠目凝神之餘，是否亦同意那包括「堅持共產黨統治」的四項原則呢？《人民日報》用兩個整版和頭版一部分來刊登何新這樣的文章，是什麼用意？顏先生乃竟爲之熱淚滂沱，到底還有沒有一點頭腦呢？

顏元叔說，講長江已變成黃河、黃河已變成黃黃河的人是盲目於眞相。呀，可敬的文學家呀，您瞎了嗎？長江流域的表土流失量，每年高達二十四億噸，比黃河流域的流失量還高得多。長江與黃河的實際泥沙量是六點四億噸和十六億噸。沙土如此之多，則是濫伐濫墾和亂建水庫的結果。顏先生所稱譽的所謂建設，其實正是大陸地質迅速惡化的殺手，故自一九四九年迄一九八〇年，約有六萬五千平方公里淪爲人爲沙漠，面積是比利時和盧森堡兩國領土的兩倍。這些事例，舉不勝舉。顏先生要揄揚的，難道是這些嗎？他說這些「中國之光」已由中國人共享，我們已是「無功卻受祿」。他用的是文學家反諷的筆法嗎？

何新的文章，顯現的是一個無行文人之闇然媚世並企圖干進射利。顏元叔的文章，表露的，是一位充滿民族感情而無觀察能力、欠缺理性思維的老糊塗。陳映眞呢，則是文人不甘於爲文人的典型。努力地運用他有系統的偏見，在編織著爲正義奮戰、爲屈辱申寃的彩衣，披在眞正不義的極權統治者身上。這三種文人的類型，眞是一時瑜亮，各有千秋。他們湊在一塊兒合唱這曲「社會主義與中國改革前途」，確實是珠聯璧合的。

八十、二、九《中國時報》

無萬千燈光

「黑的河流，黑的天。
在黑與黑之間，
疏的、密的，
無千萬的燈光。」

這是艾青〈那邊〉詩的第一節。不管你覺得此詩之意象及意境如何，單就文字上看，你是不是覺得「無千萬的燈光」甚爲費解呢？其實不是沒有千萬燈光，而是他把「無數千萬」寫成「無千萬」了。因爲只有「在千萬的燈光之間」才會有「紅的綠的警燈，一閃閃的亮著，在每秒鐘裏，它警告著人世的永劫的災難。鐵的聲音，沸騰的人市的聲音，不斷的煽出」。

在的的的如聞口吃者言的的的的之中，我們知道詩人是寫錯了。不只「無數千萬」錯成

「無千萬」，「搧」錯成「煽」，「地」也錯用了「的」。他亂寫一通，自以爲賣弄了一點機巧，製造了一點趣味，但我們卻清楚地看到他對詞意和詞性的掌握，實在大成問題。

明白了這一點，我們再看到他「風吹著黃土層上的黃色的泥沙，風吹著黃河的汚濁的水，風吹著無數的古舊的渡船，風吹著無數渡船上的古舊的布帆……」（〈風陵渡〉）這一類的的的時，自然就不會再被他所惑，誤以爲這又是什麼精心創作了。

是的，像「河流啊，你奔流著又跳躍著，越過莽野又跌下崖壁，從不休息也不畏懼，你要到哪兒去呢？」（〈河〉），固然句子是造對了，但這樣的語言和意境，跟小學生作文有什麼兩樣？

民國以來，所謂新文藝人師大宗匠，在我看，頗不乏此類大言欺人者。用一套文學革命的神話，塗飾出遍身金光，其實廢土木泥爛偶人而已。

去年冬天，在北京探望了艾青。他夷然自視若大宗師，其妻亦以大宗師視之，似乎把前去探望的客人，都看成了朝覲者。殊不知民國以來，眞有幾篇東西經得起檢驗？從事文學工作者，只宜深自悼懼，實在看不出有誰夠資格自負。

這也並不是獨有惡於艾青。實際上近代文人的地位，多半是瞎捧出來的。眞正的評價標準，往往不是文學，而是權力：政治的或文學社羣的權力。廓清權力的煙幕之後，其作品有時是很可笑的。

例如馮至有一首〈登大雁塔〉詩，選入廣西教育出版社新編《中國新文學大師名作賞析》。且謂其思接千載，視通萬里，爲咏懷古蹟之優秀篇章。我捧卷恭讀，不覺失笑。其詩曰：「這座唐代的古塔，經過無數次的登臨；唐代詩人的名句，如今還搖撼著人心。『萬古濛濛』的景色，『秦山破碎』的悲哀，千年來縈繞著這座塔，支配著登臨者的胸懷。但當我和古人一樣，登上了塔的最高層——四周的景色是多麼明麗，地上的塔影是多麼鮮明！……夕陽和朝陽循環不斷，西安一天比一天新鮮；人民的西安規模宏大，遠勝過唐帝國的長安。唐人留下了不朽的詩句，給雄壯而又蒼涼的長安；我們要給人民的西安市，寫出無限美妙的新詩篇。」

這是徹頭徹尾的「歌德文學」，作者矇著眼睛上大雁塔。要不然，他就該知道現在的西安城，只有唐長安內部的皇城那麼大。但這不去管它了，或許作者確有革命熱情，又確實被「朝陽」耀花了眼睛哩。只就詩論，我不敢妄自菲薄，如此文字，恐怕還比不上我的散文；他欲與古詩人爭鋒，自稱要寫出無限美妙的新詩篇，眞不知從何說起。

這未必是他們的不幸，卻實在是我們這個時代的悲哀。我從事文學工作的朋友們，一齊放下欺罔與矜張，老老實實再努力讀點書吧！否則，在黑與黑之間，眞要無萬千燈光了。

七十九、九、三十《中華日報》

發現者的眼光

前年，安徽文藝出版社編選出刊了《蘇雪林選集》，這是四十年來大陸第一次出版她的專集。其後蘇先生早年的散文集小說集也都在大陸發行了。對大陸的讀者與研究者來說，這也是「出土文物」之一類，得拜政治氣候寬鬆之賜。

此即爲文學批評上的一大問題。蓋一文學家與作品之重新被發現、復活其生機，未必便代表了它的文學價值受到肯定，因爲發現的邏輯是極複雜的，政治氣氛只是其中之一端。像編選蘇氏文集的作者沈暉，是安徽人；蘇氏文集編入《現代皖籍名作家叢書》中：標榜蘇氏是「五四新文化運動後第一位皖籍女作家」。均顯示了蘇雪林之能重見天日，老鄉們捧場，至少是原因之一。此與近些年臺灣頗有人編「出土人物誌」的理由是一樣的。搜羅鄉邦文獻，以闡潛德之幽光耳。

又如許多少年時期讀過蘇先生文章的人，現在願意再把舊文章找出來看。事實上是出於一種懷舊的心情，重見舊識，眉目依稀，眷念中別有棖觸，往往勾起許多少年情事的回憶。近年臺灣興起許多懷舊茶館，販賣的正是這種心情。從這個角度說，重印蘇先生文集，與重印諸葛四郎的漫畫，道理是一樣的。

如此說，並無對蘇雪林不敬之意。我只是說：從文學批評的立場看，作品之重新被發掘，可能是它的文學價值被重新認識了；但也可能有其他許多原因。這些原因，通常都不會是孤立的，往往疊合在一起，共同塑造一位作家的新生。因此，假若評論者試圖藉由「一位作家重新獲得肯定」這個現象，來論證其作品之文學價值，卽必須非常謹愼。必須說明除了政治、鄉土、特殊讀者心理、做爲史料或古董等因素之外，該作家與作品，確有從文學上說得過去的理由，不應該令其湮滅。

這時，發現者的眼光便十分重要了。「折戟沈沙鐵未消，自將磨洗認前朝」。他必是對過往的那一段歷史特有感懷，必是要對那一篇作品發出迥不猶人的見解、替久已沈霾的作者去承擔一切罪愆與垢恥，並藉以扭轉批評史上的「偏執」。

試圖「復活」蘇雪林之諸先生，在此，實是力有未逮。故蘇雪林雖重被發現，其價值如何，卻尚待論定也。聞本月中成功大學將爲蘇雪林先生舉辦九五誕辰學術研討會，希望在會場上，我們可以看見發現者深刻而銳利的眼光。

八十、四、十五《中時・人間》

重與細論文

蘇雪林先生，是位不容易了解，也尚未被人仔細研究的作家。

蘇雪林先生的文學創作活動，主要表現於《綠天》、《棘心》兩書，且均爲早年所作。這兩部書，文體不同，然皆具自傳性質。論者也習慣於通過這兩部書去了解蘇雪林的身世與感情。

但這種所謂自敍傳小說，或被作者稱爲「我全部婚姻史」的散文集，其實並不足以做爲史料看。

其中《棘心》曾於民國四十四年增訂，由十二萬字擴充到十八萬字，自謂如此乃能「充分表現時代氣息」。它增入了二、七、十二、十四全章，以及一、五、十七、十八幾章中幾大段，而刪者甚少。這種增補，可能出現的問題是：作者在長達三十年的時距間，對自我生命歷程，可能存在著不同的理解；故原先未必旨在表現時代氣息，而後來大量增入篇幅以表現時代氣息，以致原本跟增訂本事實上是兩本不同的小說，自敍傳遂顯示了不同的敍述方式與敍述重點。同理，《綠天》從四萬餘字，增訂成了十三萬一千八百字，等於也是新著。舊作與新撰，間差二十幾年，可能表現的是同一種心境與想法嗎？

何況，一切自敍都具有謊言的氣質。猶如我們面對鏡子時，彷彿眞能看清自己了，其實沒有一個人在照鏡子時，不裝模作樣、扭捏作態的。由於蘇雪林後來之增補，我們可以確知原作本有缺漏避諱處。但新增訂的本子又何嘗便足以信據？會不會是追憶者對前塵往事的另一種解釋呢？《綠天》自序中又曾自承其中所寫一半屬實，一半則爲美麗的謊言。可見蘇雪林對她自己的創作並非沒有自覺。這些作品，顯然是只能視爲文學創作，而不必目若史乘的。

可是，以文學觀點來看她的創作，也並不容易。例如《棘心》。書名係用《詩經》：「棘心夭夭，母氏劬勞」之意，似乎小說旨在紀念她的母親了。但編選《蘇雪林選集》的沈暉先生卻認爲它可能也含有「對祖國眷眷之繫念」，因爲「海外遊子心目中的祖國，就是養育自己成長的母親」。這樣的理解，似乎是別具心裁的。起碼有很多人並不如此看待《棘心》。像天主教內人士，就不會有此看法。

蘇先生的文學創作，主要讀者羣是天主教人士。如《棘心》增訂本係光啟出版社所出版。《綠天》亦然。天主教人士印這些書，是把它當宣教品來看待的。因為書中描述了一位早年女知識青年毅然皈依公教的歷程。《棘心》新增的第十三章，也稱天主教為「愛的宗教」，並大力稱揚雷鳴遠神父的事蹟。這樣濃厚的宗教氣氛與關係，很難跟書名「棘心」的含意連貫起來，但也很難視若未睹。某些批評者以為女主角杜醒秋之皈依公教，只是為了彌補愛情缺憾的創傷。實在是太輕忽蘇雪林與宗教的關係了。

那麼，像《棘心》這樣的小說，到底是寫愛情經驗，還是寫戀眷母親，抑或它是寫宗教情操？它與作者心態和遭際之間的關係，又應如何理解？

創作那些作品時，蘇雪林當然仍處在戀愛過程中。愛情與婚姻，為人生之大事，蘇雪林對此自不能無所謳咏、無所感觸。愛情做為她早期創作中的主要題材，是必然的。但是，我們若仔細觀察她的作品，我們便會發現她對愛情的處理，甚為特殊。

她在寫《綠天》和《棘心》的同時，即發表了《李商隱戀愛事蹟考》。稍後又寫了〈九歌中人神戀愛問題〉〈清代男女兩大詞人戀史的研究〉等文。她論李商隱，認為李商隱那些無題詩，乃與宮女及女道士戀愛之事蹟。談《楚辭・九歌》，認為其中多男信徒向女神獻身、女信徒向男神獻身之詞。講納蘭性德，則說他跟表妹有戀情，後來該女入宮抑鬱而死，故納蘭頗多傷悼之詞。又說女詞人顧太清跟名士龔自珍有一段羅曼史。太清是奕繪貝勒的側室，所以龔氏被毒殺了。

這些文章，所談的愛情事蹟，都是異常的，有神秘浪漫的氣質，且又不可能圓滿實現。

蘇雪林爲何偏愛這樣的題材？

我們要曉得：一個人怎麼看歷史，往往便顯示了他如何看人生。解釋李商隱和〈九歌〉，在她之前，很少人持此觀點；對顧龔戀情和納蘭情史，一般也視爲疑案。她卻在這些不同類型與不同時代的題材中，鈎勒出一種共同性。這就可以看出她的性格以及她對愛情的看法了。

由此來看她的文學創作，便格外有趣。例如她當時寫了一齣三幕劇〈鳩那羅的眼睛〉。說印度阿育王之子，眼睛極美，似雪山鳩那羅鳥。王之繼后愛上了太子這雙眼睛，逼與私通。太子不肯，王后慚怒，發誓一定要得到這雙眼睛。後竟因此而害死了太子，自己也被阿育王焚死了。這也是一則不道德的、爲了愛而如龔自珍被毒殺那樣的故事。愛上了不該愛的人，愛之中有阻隔，得到的只是虛幻的滿足或永遠的失落。自稱「善於畫夢，渴於求愛」（《綠天・自序》）的蘇雪林，會不會是因爲擁有這樣的愛情觀，所以才造就了她「失敗」的婚姻呢？所以才有《棘心》與《綠天》那樣對愛情與婚姻的處理呢？

我不知道。但若眞正要評論蘇先生之文學創作，理應從處理這些問題開始。方能拂開歷史的塵埃，重探文學作品的義蘊。

八十、四、二十八《中華日報》

風格史的探索

巴洛克，這個詞原先是從葡萄牙語 barraco 派生出來的，意指不規則的、形狀古怪的珍珠。後來逐漸被用到建築藝術的討論中，指文藝復興衰頹時期的建築風格。慢慢地，在音樂史、雕刻史、繪畫史裏，它也變成了一個有用的術語。一九一五年，沃爾弗林《藝術史的基本概念》一書，甚至把「文藝復興」和「巴洛克」看成是相互比照的兩種主要風格類型。其後德國的文學史家吸收了這個講法，也將巴洛克用做文學批評術語，描述十七世紀歐洲文學之普遍徵象。

這個詞，意謂華麗的衰頹、肉感的神秘主義、裝飾性、對形式的講究、繁冗的詞句……等等。在文學史、藝術史上，它可用來描述或說明歐洲歷史的發展、歐洲人美感意識的變遷。但這種美感作爲一種「類型」，它並不只在某時某地才會出現。在人類歷史上，一種過分講究風格和富於裝飾性的情感藝術，事實上是經常出現的。因此，這種風格類型不只是歷史的範疇，也是永恆的（enos）。可以用來討論藝術的一般狀態，用來做爲分析美感類型時一個有效的指述詞。

除了巴洛克以外，如古典主義、浪漫主義、文藝復興等術語，也有同樣的功能。

反對風格研究的人，固然能舉出一籮筐理由，來反對以一個詞簡單概括整個時代。但在文學、藝術類型的意義及文學史、藝術史的意義上使用這類術語，不僅無可厚非，根本就是十分必要且無從逃避之事。問題只在於我們是否也只能用這幾個詞來稱述我們的藝術史？我們自己能不能也從我國的藝術發展史上提煉出幾個詞來，用做討論藝術風格類型時的術語呢？事實上，我國歷史中也確實存在著時代風格變遷的問題，不能不予以說明。

但目前我們學界討論這些問題的人不多。據我所知，如高友工談中國藝術風格之變遷，是涉及這個問題的。不過高先生是用「抒情美典」來概括中國藝術，藝術風格的變遷史，也就是中國藝術精神或抒情美典的不同發展階段。例如他說先秦兩漢以音樂美典爲中心，六朝以文學理論爲中心，隋唐以詩論及書法爲主，宋元則綜合於畫論中。此乃抒情美典之發展。明清以後，抒情傳統式微，則漸盛行「敍述美典」的戲劇小說。呂正惠先生解釋中國抒情詩的發展史也近乎這個進路，只是加添了馬克斯一派的思路而已。這種研究，並不需要界定某個時代的風格類型與美感範疇，因爲有頂抒情美學的大帽子可用。

我自己的研究不是這樣的。我也處理整個藝術發展的問題，但我覺得中國藝術是在文學、音樂、繪畫、戲劇等互相競爭與滲透中造成風格之變遷，並逐漸朝文學性類化。文學中，漢魏詩、唐詩、宋詩又可以視爲幾種風格典型。例如唐詩與宋詩風格之不同，不僅足以說明歷史文化的轉折，也能顯示一種類似「文藝復興」與「巴洛克」那樣永恆的、互相比照的風格類型。

本屆淡江大學所辦文學與美學研討會，柯慶明先生發表的〈試論漢詩、唐詩、宋詩的美感特質〉，對此亦有闡發。他認爲漢詩是以境內之感，賦寫心情，表現一種情意倫理的溫厚之美，可稱爲素美。唐詩是以境緣之觀，興發其形象化的美感，可稱爲優美。宋詩則是以境外之思，爲疏離造作之美，偏於抽象、滑稽、衰殘、怪誕、疏淡的美學範疇，可稱之爲畸美。

他的講法很有見地，也刺激我回頭再去檢查自己的論述，持與之細細比對。但這裏要談的，不是誰是誰非的問題，而是：美感類型的發展變遷史，在中國到底可不可能建立？如果可能，那麼這一代中國人宜如何努力？相對於「巴洛克」這個在二十世紀初期才逐漸被討論並運用到文藝研究上去的術語形成史，我們是相當慚愧的。目前我們雖已花了點氣力去界定唐詩型風格、宋詩型風格，但畢竟論述簡略，疑義仍多。對於這項工作的重要性，大家似乎也缺乏體認。我不知如何才能改變此一現實，只好在此再大聲疾呼一番，搟誠號召同志。

八十、五、十九《中國時報》

作家知多少

現今臺灣究竟有多少作家，著實難以估算。有一陣子某出版社印行過一册作家名錄，甚便參考，但據說挂漏甚多，頗滋物議。蓋文人總是忌諱旁人忘了他的。

可是我們要記著許多作家名氏，實在也挺困難。現在我們的作家團體，至少有「中華民國筆會」「中國文藝協會」「中國語文學會」「中國青年寫作協會」「中華民國新詩學會」「中華民國詩書畫家協會」「中國婦女寫作協會」「華欣文藝工作者聯誼會」「中華民國青溪新文藝學會」「中華民國傳統詩學會」「中華民國專欄作者協會」「中華民國作家協會」……等，尚不包括搞話劇的「中華民國話劇學會」、弄兒童文學的「中華民國兒童文學學會」、寫曲辭的「亞洲作曲家聯盟」……之類社團哩。

如此洋洋灑灑龐大作家羣，雖自負文壇遊走已甚熟稔如我者，對之亦感茫然。諸主持文藝社團之大老新銳，泰半未曾識荆，卽其作品亦少聞見。故不僅作家動態難以明瞭，現今文壇大勢、創作風氣，也殊難掌握。有一次，我準備替淡江大學中文系募集一批圖書，函請各界贈賜古典詩歌創作。結果詩刊文稿，如雪片飛來，至今尚未整理完畢。古典詩不是老早喪失其文學主導地位，久不爲論臺灣文學創作趨向者所齒及了嗎？誰料得到它的愛好者與書寫者竟然還那麼多？而這個冷僻荒涼、在文藝強勢媒體鎂光燈下寂寞自甘的領域，尚且如此，其他從事新文藝小說散文創作之人口，想必更是可驚的。

從事文學批評的先生們，似乎應該切實注意這個問題。且不說政治立場和文學理論的素養如何，我們每個人都囿於自己那一兩個小圈子，不免只把這一兩批人就看成了「文學界」。講起文壇大勢，煞有介事，然只不過講了文壇的一個小區域而已。對那些我們並不了解或尚乏接觸的作者羣，評論者理應扮演探訪者的角色，儘可能拓展自己的視界。

但從另一方面說，文學家之難以確認，在於它與律師、醫師不同，它並非專門行業、有執照以爲憑證。某些團體中人，實在很難讓人想起他與文學創作有啥關係，因爲他雖或曾經創作，卻已久未拾筆。凡此已不太寫作者，既不能聲明吊銷其牌照，所謂作家，便日趨浮濫龐雜，苟能執筆爲的呢嗎吶，無不可名爲作家。

何況，作家不一定參加社團，因爲作家身份的認定，並非由於他加入了某個團體，而是他的作品被讀者所承認。所以我們也無法從文藝社團名錄上去辨識作家及人數。研究者只能依賴他的眼睛，從浩如煙海的文字製品中，去找尋那可稱爲文學作品的東西，確定那些可以被稱爲作家的名字。

當然，這種古典的「作家」觀念，把作家視爲一羣特殊人種，把寫作者與作家的身份區隔開來，作家，除了指稱他常常寫作的事實之外，還代表一種榮耀。這種觀念，已經落伍了，我本人也不持此觀點。但在我們這個特殊的文學界裏，提議大家稍微注意以上諸問題，似乎仍有其必要。

八十、七、十四《中國時報》

作者權的解放

作者，原先是個神聖名詞，所謂「作者之謂聖，述者之謂明」，只有聖人才能製作。這種神聖性作者觀，後來逐漸鬆動了。只要作品是誰寫的，誰就是作者，這樣的作者觀，我們稱之爲「所有權的作者觀」。

所有權的作者觀，是世俗化的作者觀，作者不復必爲聖人。人人皆能抒其牢結、誌其感慨、發爲議論、著爲文章。但是，神聖性作者觀也並未退位，縱使我們現在已經接受了所有權的作者觀，我們在論述所謂「作家」時，依然沿續著許多創作神聖性的觀點。

例如作者作家，能舞文弄墨、出版詩文集者，往往即自認爲與眾不同。詩人作家，儼然爲一特殊人種，世亦以特殊人物視之。而此等人之行止言談，也常需旌異於俗流，帶有某些神聖性、神秘性、傳奇性。像作家所常麕集之處，一旦稱爲作家咖啡屋或作家書坊等等，彷彿便高雅起來了，與一般人所常去閒坐的咖啡店好像真有很大的不同。這就是神聖性作者觀殘存的影響力。

這種影響力，是把作家明星化的理性條件。商人可以利用讀者對作者神聖性的仰慕與崇拜，將作家塑造成某種導師、傳奇人物及明星偶像，在消費社會中販售此等商品。而在一個社會裏，由於不可能人人皆爲明星，因此作家也就理所當然地被看成是某一小羣人。這一小羣人專司創作，一般大眾既不能分享創作者的榮耀，便只能欣賞瞻仰其演出。

這個結構關係，使得創作者越發覺得創作非常人所能爲，不僅需由特殊的人來負擔，此特殊之心靈亦不能永遠保持神聖神秘的創作狀態。這就是「靈感說」之所以興起的緣故，作家常須藉著泡咖啡館、喝酒、泡妞、吸菸或其他古古怪怪的儀式性動作，來獲致此一神奇能力。世人也因其如此，而更視作家爲異類。

於是，崖岸自高、以文學創作爲己任的一小撮人，自認爲是特殊的人，具有特殊的感性。另一大批讀者羣，只能消費或欣賞而不擔負創作職責的一般人，兩者併合構成了我們文壇的生態分布圖。

這種分布圖是危險的。那一小撮專司文學創作者，人數既少，生活經驗與感性內容亦多雷同，文學只由這一羣人來創作，定然生機日隘，逐漸偏枯。而那些只能消費或瞻仰欽慕的大眾，也可能同時卽是自覺與文學無關的人羣。他們從不曾參與文學的創造喜悅；文學對他們來說，亦爲非份之物，除非突發異想或有錢有閒消費，否則接不接觸文學均無影響。且因不能「身在其中」地理解文人與文學，對文人與文學的輕視和敵意，自然也極易滋生。例如顏元把「詩、文、字、畫」稱爲「乾坤四蠹」，說：「吾每閱文人論文及作爲文工夫，便頭痛欲嘔。」原因不就是文人每以創作「自市其能」嗎？其實爲文之難，可謂嘔心瀝血，但非文人不易體會有創作體驗且以文章爲性命者，那種講究爲文工夫的苦心，自不免要覺得文人無聊，徒爭一字之短長，而大生厭鄙之心了。

但文人也不必抱怨羣眾的疏離、冷落與敵意。今日艱難之處境，有不少是自己造成的。文章寫不好，當然缺乏觀眾這一點，暫且不說。作家神聖性的概念，首先就應自我破除。黃宗羲說得好：「天地間街談巷語，邪許呻吟，無一非文。而遊女田夫、波臣戍客，無一非文人也。」（《明文案・序上》）作者權的解放，是讓文學重新回到每個人、回到每個具體生活上去的重要手段，文學創作的活力與新生，當以此爲契機。

八十、七、十四《中華日報》

文人生活札記

《浮生六記》者，記浮生若夢之感。書凡六記，而以〈閨房記樂〉爲其總綱，則因生平之大喜大悲，集端於夫婦也。

以夫妻結合、相處的經過，來總敍生平事迹，這種寫法，在我國自敍傳文學中，殊不多見。蓋我國傳統觀念，固然極爲重視夫妻關係，謂夫婦一倫爲乾坤肇基、人倫之始，但對夫妻相處的生活性描述，向來甚少，把夫妻生活寫得如此情韻敻絕、情致纏綿，而又能以夫妻結褵之終始，條貫秩序其生平之憂樂遭際，實推沈三白這本《浮生六記》爲獨步。

夫妻的情誼與生活，事實上非常難以描繪。因爲夫妻除了情感的聯繫外，還有人文禮義與生活現實上的糾葛，其關係遠比情侶複雜。沈三白卻能以簡潔瑩潤之筆，將他和芸娘之間的感情生活，寫得曲曲動人，令人大興「只羨鴛鴦不羨仙」之感，不能不說他是成功的。

這一對令人豔羨傾慕的夫婦，其閨房之樂究竟是如何營造的？

三白夫婦剛開始時，當然也是起於少年人對異性的傾慕和生活上的熟悉，所謂「心注不能釋」和「兩小無嫌」。這是兩情相悅，樂得佳人、樂見君子。但結爲夫妻以後，光只兩情相悅是不够的，夫婦之情，尚須相悅以守。守住這種情，毋使其因時間之磨蝕、生活之摧折而逐漸褪色變質。那麼，如何守呢？

老實講，三白夫婦結合時「藏粥待婿」的過程，固然有趣，但那只是愛情故事中一個普通的挿曲罷了。它們眞正動人而可以顯示爲一種夫婦生活之典型者，應在於它教示了我們：浪漫而單純的激情，必須通過文明的潤澤，方能滋液久長、才能相悅以守。

也就是說，三白夫婦的閨房之樂，其實是一種文化品味所烘托所培養出來的樂趣，其中充滿了對美的追求與對韻趣的欣賞。故在其閨房之樂中，我們看到的不只是兩人膩在一塊兒卿卿我我你儂我儂，而是看到類似〈醉翁亭記〉所謂「樂乎山水之間」的遊賞之樂，看到園林生活之樂、詩文賞析之樂、友朋讌聚之樂、飲食料理之樂等等。他們夫妻蒔花養草、飲酒食蒜、刻印章、禱神祠、和詩、行令，一舉一動，皆充分顯示了文明潤澤的美感。正是這樣優雅而有情趣的文化生活，陶鑄滋養了夫妻的感情，使它能相悅以守，莫逆於心。我們看書的人，之所以豔羡其夫婦，也即是因爲我們都對那樣文明韻趣之生活倍感嚮往。

但是，這樣的生活，本身也是充滿危機的。沈三白是清朝乾嘉時期生活在蘇州的文人。

蘇州的文化氣氛，養成了他的文化品味，也提供他遂行此種生活的條件，例如他們可以住在景觀秀絕的滄浪亭，家中可以經常召伶演戲，他們精於花藝，能製作盆栽，又擅長疊石，對於居室布置，如怎樣製作屏風、怎樣焚香，均有若干講究。這種生活，雖未必定須饒於貲業者方能備辦、未必卽屬於小資產階級之生活品味，但必須是對生活本身費力經營、用心打理。故沈三白自稱：「貧士起居服食，以及器皿房舍，宜省儉而雅潔。」身雖貧士，在文化生活上卻要求精緻而富裕。此爲其理想。然生活若過度貧困，衣食尙須張羅，則豈能再論其雅潔與否？生活的重擔，有時是會壓彎了人的脊樑，使人只能蜷曲苟活於時代的角落中，對器皿房舍服食，無暇講究的。

不幸沈三白正是個拙於生計的文人，所學只是如何替人辦文書當幕僚。其游幕生涯，頗不順利；而且浪迹四方，俯仰由人，故夫妻相處，離居時多。有時無故遭到裁員，心緒及經濟也大受影響。後來一度想從商做生意，跟他姑丈去釀酒。不料又碰上臺灣林爽文事變，海道阻隔，虧蝕老本。種種不如意，弄得貧病交迫，依親友接濟，勉強支撐。到芸娘死時，沈三白要「盡室中所有，變賣一空」，且得友人濟助，方能將之成殮。其生活境況之慘，可以想見了。

因此，所謂〈坎坷記愁〉，並不單指芸娘與三白的感情在舊式大家庭禮教下遭到摧折或婆媳不和的問題。他們的坎坷，是因其文化生活本身即是有條件的。飄泊動盪、奔走衣食，會使這種閒情逸趣根本無法滋長。

由此來看，三白夫妻的坎坷，是同時來自幾個方面。一是人事上的困絀艱辛，貧弱無依。這種貧困，自然影響到他們在家庭中的處境，例如財務債務的糾紛。加上芸娘代司筆札所引起的筆墨口舌糾紛，以及處事方式，不得舅姑歡心，釀成了家庭中的坎坷。在個人情感方面，又受憨園背信、阿雙捲逃的刺激，無法承擔。

個人情感上深受打擊，家庭中糾紛不斷，外向世界又使他們處處碰壁。以致妻死、父喪、子夭、弟逼、女遣，人生的痛苦，集中到這一卷小書裏。若說〈閨房記樂〉極夫婦之樂，那麼，〈坎坷記愁〉就是盡生人之悲、窮人倫之變的痛苦悲號了。以三白與芸娘的死別爲主線，勾勒出這一幅茫茫大悲的景象：「當是時，孤燈一盞，舉目無親，兩手空拳，寸心欲碎，綿綿此恨，曷其有極！」

《浮生六記》正是在這裏，顯示了它的經典意義，極夫婦之樂，盡生人之悲。不能單純地視爲一則愛情故事、一場大家庭制度下的悲劇，或一次婆媳不和的爭執。

八十、八、二十五《聯合報》

郎捶大鼓妾打鑼

曾見臺靜農先生臨終前抄錄了幾首小詩，曰：「郎家住在三重埔，妾家住在白石湖，路頭相望無幾步，郎試回頭見妾無」「韭葉花開心一枝，花正黃時葉正肥，願郎摘花連葉摘，到死心頭不肯離」「郎槌大鼓妾打鑼，稽首天西媽祖婆，今生受够相思苦，乞求他生無折磨」。諸詩情意纏綿，無怪臺公爲之傾倒。而此三重埔之情歌者，梁啟超先生遊臺灣時所作之〈臺灣竹枝詞〉也。

自明鄭以來，流人墨客絡繹來臺。無論是以臺灣爲歇腳庵，抑或爲歸骨所，他們對臺灣的感情，在詩中是很容易感受到的。在梁任公那個時代，不但有像任公這樣，來臺灣尋求推翻既存政權的活動；也有如易順鼎那樣，墨絰從軍，來臺抗日的人物。他們的生命，與臺灣是不可分的，所以詩文中自然也有對臺灣的謳吟。

大陸淪陷之後，大量軍民渡海而來。詩，仍然扮演了一個積極的媒介角色，做爲綰結本省士紳階層和中央來臺文士史員的重要紐帶。

事實上在日據時期，推動文化啟蒙運動及民族主義運動者，主要也就是那些主持文壇風雅的豪族。這些豪族及士紳，在政府遷臺後，仍多與中樞文流相酬酢過從。來臺文士騷客，亦曲意與之交歡。例如于右任、賈景德諸大老，結納臺籍詩人，皆可謂不遺餘力。右老三十八年「與臺北詩人約九日草山登高」。三十九年「上巳日，先生與賈煜如、黃純青發起修禊於此，與會者百餘人，臺灣詩人到者尤多」。同年重陽，又「約臺北詩人於陽明山柑橘示範農場登高」。時當大亂重傷之餘，豈能爲把酒尋詩之會？蓋藉此輯契人心，通情好於地主也。

臺灣的詩人們，因爲愛詩，所以也對這批新文壇朋友甚表親切。霧峰林家、板橋林家都頗有詩人參與此等文會。瑞芳李建興也一方面擔任「臺灣省石炭調整委員會」主任委員，一方面大力支持詩歌創作活動。陳逢源在陽明山的別墅溪山煙雨樓，也成爲當時詩人重要的聚會聯吟場所。一直到現在，依陳氏遺志成立的陳逢源先生文教基金會，仍在謝東閔、吳三連、陳奇祿諸先生的監督運作下，繼續爲古典詩之薪傳而奮鬥。

這段史實，頗爲論臺灣史或臺灣文學發展者所忽略。但我以爲這是很值得注意的。一方面，它顯示了漢詩在延續及擴張中國文化、鞏固民族精神的作用上，占有非凡之地位。另一方面，可以看出它如何有效地綰結臺籍文人士紳和大陸來臺人士。對於政府遷臺以後，與臺灣士紳的聯結狀況，除了權力與經濟關係之外，我們應該也可以多利用一個參考系統，從文學這個角度去了解。

即使僅就文學而論，論臺灣文學史者，老是從賴和、楊逵、張我軍講下來，我以爲是偏枯的。必須注意到從梁啟超或更早的文學史實，也必須注意到二二八以後所謂「白色恐怖」之外的詩酒風流。這些詩酒酬唱，不僅僅爲吟風弄月，也不僅僅爲收攬籠絡，它具有眞確的文學意義。

例如在連橫寫《臺灣詩乘》之後，旅臺的文人彭國棟編了《廣臺灣詩乘》。詩人李漁叔也承繼連氏之作，撰有《三臺詩傳》，替臺灣詩人編史立傳。另據劉延濤所編的《右任年譜》云：「先生自來臺後，即有詩學革新計畫。四十年詩人節，先生作白話詩一首，又題郭明橋『由黑暗到光明』畫幅，亦爲白話體。此後詩人節每遇講話機會，先生必殷懇致意於詩體之解放與詩人之責任」「民四十七年，詩人節，先生親往臺東參加。此次先生的講辭，更爲詩學聲韻，提出具體見解」。這些，都具有詩學上的意義。至於陳香所編《臺灣竹枝詞》，更是梁任公之後的嗣響了。

八十、八、四《中國時報》

國家不幸詩家幸？

自從海峽兩岸文學交流以來，大陸作家頻頻獲得此地各類文學獎項，其作品亦多凝肅沈重，對民族命運與時代之心靈，提出各種的質問與探究。兩相對比，不免有人深爲臺灣文學之發展擔憂。

觀察家們認爲：文學是苦悶的象徵，越巨大的痛苦、越深沈的悲哀，越能淬煉作家的靈魂；而且時代越動盪，人類悲歡離合的事件就越多越複雜，作家在社會中生活，不但其生活將越能爲此而多增磨練，增長閱歷，寫作之題材亦必然增多。甚且，這種題材本身，因爲加上了流離喪亂的重量，其本身便極動人。大陸自文革以來，神州破碎，人民塗炭，其中種種鬼域情狀，述之令人不忍聽聞。這種悲哀，何等巨大！自無怪乎文革之後，大陸的作家回眸凝盼，其作品往往要血淚交迸了。反觀臺灣，生活如此安逸，頂多有點國會喧鬧與街頭衝突的小場面，日日柴米油鹽、求田問舍，生活未受磨練，生命未受激盪，平庸的日子，又只能提供平庸的寫作題材。大都市、小人物、淡淡的哀愁、淺淺的哲思、男歡女愛，聊相徵逐而已。這樣的社會，怎能出現深刻偉大、展現宏闊視野、洞視整體文化命運的作品？

此說持之有故，言之成理，但反對者也不難從社會發展的不同階段與條件上，主張文學應該有不同的風格及方向，臺灣未必就得跟著大陸一樣去涕泗橫流、深沈悲苦。

這些爭論，極有意思。但做一位文學理論的思考者，我對這個爭論中涵蘊的觀念，更感興趣。

因爲這種論爭，涉及了文學與時代的關係，也重新界定了文學是什麼。認爲文學是苦悶之象徵的人，大抵會認同趙翼的話：「國家不幸詩家幸，賦到滄桑語便工。」流離衰亂的時代，比承平安逸的生活，更適合文學生長，猶如富貴康寧家居老員外的生活沒啥好寫，遠不如征塵霜鞍、細雨騎驢入劍門，合乎我們對詩人生涯的想像。所謂「文窮而後工」，國家之窮，有時比文人個人窮途潦倒，更易造就文學上的豐收。

然則文學注定了便只能寫酸楚窮愁的生涯乎？衰亂的時代，若越能提供文學生命發展的資糧，何以五代十國之大亂，文學亦同樣晦闇無光？這裏，便可能有另一種對文學與時代關聯性的思考存在。蓋早在漢朝，論者便提出了「正變」的觀念，如〈毛詩序〉即云：「至於王道衰、禮義廢、國異政、家殊俗、而變風變雅作矣」。這是《詩經》學的正統觀點。主張文王、武王、周公時，禮樂文明昌盛光熙，風雅頌興，記錄了一個偉大的時代，所以稱為「詩之正經」。到了懿王以後，淫亂失政，詩亦記錄了這個禮衰樂亂的社會，故謂之「變風變雅」。以盛世之詩為正，衰世之詩為變，文學的興衰與時代的盛否是一致的。

我們也常用這個觀念來描述歷史，例如明人高棅所提出的唐詩分期法，把唐詩分為「初盛中晚」，便與唐代國勢的盛頹相吻合。又，胡應麟也認為詩文之興衰，關乎氣運，故秦、六朝、宋元，既為人事王道之衰，亦為詩歌之衰世。

此種文學史觀，顯然並不看重文學揭露人生悲苦、描述價值顛倒錯綜、探索社會病態的性質，並不認為在整體社會貧弱荒瘠或殘破崩解時，文學獨能茁壯滋長。

這個觀點未必正確，正如「國家不幸詩家幸」一樣。可能都只指涉了文學與時代複雜關係的一面。但它能有效平衡我們在面對海峽彼岸文學發展時所形成的不當情緒及判斷。因為它提供了另一個歷史的視域。在我們感嘆大陸歷經文革等動亂，故易於寫出深刻偉大之作品之時，似乎也可以想想：民國四十年左右，政府播遷來臺，際此天翻地覆之變，家國亂離之苦，究竟又替我們烹鍊出什麼偉大的作品了呢？

八十、八、二十五《中國時報》

大陸文學的臺灣觀點

人總是不滿意他人對自己的評述。臺灣的文學工作者，看大陸所出版的臺灣文學研究，大多看不上眼，認爲資料缺誤、方法陳舊、觀點狹隘。大陸的朋友讀臺灣的大陸文學研究論述，也同樣有些抱怨。

今年在武漢召開的「第五屆臺港澳及海外華人文學研討會」中，大陸學者從討論臺灣的文學與文評，轉而關注到臺灣對大陸文學的評論。據他們觀察，臺灣對大陸文學的研究，是以政治宣傳之需要而展開的，後來才漸以文學爲了解大陸社會及知識分子之資料，最後才回到文學本身，從審美意義上討論文學。這個進程，他們基本上是贊揚的。但他們認爲，臺灣能注意到大陸文學的價值，是因爲要「從共同的文化源頭出發，尋找出每一個中國人共有的心理結構，建立起現代中華文化的整體格局」。而這種文化需求所導引的大陸文學研究，雖代表了臺灣對中華文化的認識、回歸與重構，卻可能導致忽視審美意義的危機，故他們埋怨臺灣對大陸文壇的現實主義潮流，不甚關切；對八十年代的「文體變革」，不够敏感。甚至，他們還說：「臺灣不像大陸那樣，有較嚴密的組織系統和雄厚的研究實力」，所以不能克服上述困難。而且「臺灣的大陸文學研究受政治觀念的干擾，在文學觀念上遇到諸多障礙」。

這些觀察，頗令人懷疑他們談的不是臺灣。臺灣的大陸文學研究哪裏是這個樣子呢？

在早期報導引介大陸傷痕文學、報告文學，出力最多的瘂弦與高信疆，相信都不會承認那是基於政治的需要。研究大陸詩與小說的張錯、蔡源煌、王德威，應該也會對「文學研究並非終極目的，在它對大陸當代文學的一切品賞、描述、闡釋、論評背後，有一個超越文學研究專業範圍的終極指向，那就是對中華文化的認識、回歸與重構」云云，感到莫名其妙。

當然我們並不否認目前臺灣評述大陸文學較少論及其審美意義，但這與大陸朋友們所理解的原因不同。老實說，大陸的文學作品在臺灣缺乏市場，因此它根本欠缺作爲一審美閱讀對象的條件。偶爾讀之者，亦不擬由其中獲得審美的快感，而且，意識流、心理分析、魔幻等等所謂文體變革及技巧上的試探，對大陸來說，固然意義非凡，打破了過去僵化的意識格局，開啟了文學主體性之生命。但臺灣讀者視之，實甚平常，不予強調，頗爲合理。至於現實主義，臺灣跟大陸的社會現實不同，對大陸現實主義文學，有時確實不易引生共鳴。凡此皆無可奈何之事。大陸上研究文學的人應該了解到：臺灣研究大陸文學，絕不可能與大陸上的研究者一樣，有共同的動機與目的。我們有我們的社會脈絡與文學環境；我們對大陸的文評，也內在於我們文學批評的總體發展及臺灣所開拓的文化論評路向中。

特別是這幾年在臺灣社會中，文學已不太可能只以提供審美感性的功能而存在。做爲意識啟蒙者的角色之一，文學的探究事實上是對臺灣文化總體發展之思索的一部分。這種文化探索，固然可能涵括了中國文化的出路問題，批評者卻不是由對中華文化之重新認識與回歸，來建構我們的文化批評意識。這種批評性格，當然也關懷政治結構與生態，但評論者似乎是在運用文學的政治學意涵，而不是受政治干擾或任憑政治導引著我們對大陸文學的判斷。

我們當然不會自以爲已對大陸之文學研究精審、瞭若指掌。但是，大陸文壇的朋友們若要了解我們是如何觀看他們，可能還得花點氣力。

八十、九、八《中國時報》

「二十世紀中國文學」概念之解析

1

研究中國文學，晚清以前都好辦，一頂「古典文學」或「傳統文學」的帽子，儘可以籠罩秦漢魏晉唐宋元明清。晚清以降，則似乎較費周章。五四文學運動興起後，有時借著傳統與現代的對比，稱白話文學爲「新文學」「新文藝」「現代文學」，但都不免引生糾紛。蓋「新」「舊」卽含褒貶之意，可以爲革命時期之旗幟，卻不好做爲文學史的概念。「文學」與「文藝」的區分，似乎又極生硬勉強。況且運動以來，作家以十萬計，其作品與聲名令譽多是朝生夕死，未必卽能如李杜蘇韓之類「舊」文學家之萬古常新。故孰新孰舊，正自難言。而現代文學云者，用以專指因運動而產生的新文學，似乎又與那「現代」兩字不符。因現代之文學，固不僅有白話詩文、小說、戲劇也❶。新文學獨霸了現代文學的名號，咱們講文學史的人，怎麼研究徐枕亞、張恨水的章回體及駢儷小說？這種左支右絀的窘境，對晚清以降文學史實越熟悉者，感受就越強烈。到底這一段歷史該怎麼處理？

2

最單純的辦法，是放棄新與舊、傳統與現代的套式，老老實實用時間做區劃，如晚清文學、民初文學、五四文學、一九四九以後之文學……等。然如此劃分，貌似清純，實仍不免將文學緣附於政治。朝代轉移，文學竟亦隨之可以視爲另一時代，稽諸文學發展之自律性原則，殊覺悖逆。對於跨越兩個朝代的文學家與文學活動，亦不能眞正予以處理。像蔣英豪，雖然認爲古典詩歌業已死亡，但仍正確地指出：研究這段垂死前的詩歌，不能運用「晚清」這個概念，因爲「如用『晚清』一詞，斷限便要到一九一一年而止。辛亥革命以後繼續湧現的大量詩歌便要割愛，古典詩歌的終結階段便顯得不完整」❷。詩歌如此，小說亦然。文學

❶ 最有趣的例子，是錢基博《現代中國文學史》。這本書所指的現代，純屬時間概念，與那種只把新體白話文學視爲現代文學的作風迥異。這本書，便暴露了「現代文學」一詞做爲文學史概念時的歧義性。

❷ 見蔣英豪〈中國近代詩研究的回顧與展望〉，民國八十年，中央研究院文哲所，文哲研究之回顧與展望研討會。

發展自有其連續性，很難在政局忽然改換之後，立刻改弦易轍或戛然終止。對於某些遺老型人物，我們或許可以仿元遺山只列入金朝敍述，不當成元朝文人那樣處理；整個文學寫作活動及文人生活方式，卻很難以政權代遷的概念去勉強區隔，削足適履。

目前一般人均認爲民初幾年文學的總體特徵，應與晚淸相同，宜連在一塊觀察；五四以後則爲新變局的開始。這不管是否高估了五四運動的作用，它可能還存在著難以解說五四人物與晚淸血緣關係親密的困難。所以斷然劃開五四和晚淸，恐怕也不很妥當。

3

在上述諸分期法之外，運用得較普遍的，還有「古代——近代——現代——當代」的分法，將晚淸以前稱爲古代文學，晚淸至五四稱爲近代文學，五四以後名現代文學，一九四九以後喚做當代文學。這個處理方式，比前述各法問題更多。嚴家炎曾經批評道：

> 把鴉片戰爭以來的中國文學切成「近代」「現代」「當代」三段，這種史學格局顯然存在著根本性缺陷。一是分割過碎，造成視野窄小褊狹，限制了學科本身的發展。二是以政治事件爲界碑，與文學本身的實際未必吻合❸。

❸《二十世紀中國小說史》第一卷・序。一九八九，北京大學出版社。

其實這種做法，毛病尚不止於此。因爲所謂「近代」，至少有兩種分期概念，一是從基督教世界史編年法中衍生出來的，另一種則緣於馬克思思想。

基於神意決定論而形成的基督教世界史編年法，依上帝旨意及教會文化之發展爲線索，將歷史分爲上古、中古、近世。此說曾遭史賓格勒嚴厲抨擊，認爲它只是一項構基於狹隘偏私概念之上的歷史觀，而且它在時間的暗示中，預含的一些假設，如二元對抗、一方必勝、救贖等等，只是基督教的意識型態，未必便能用來解釋各文明之歷史。至於馬克斯的歷史觀，即眾所周知的：亞細亞生產方式時代、古代奴隸制社會、中世封建制社會、近世資產階級生產方式、社會主義生產方式等五階段說。依此可將歷史分成原始、古代、中世、近代、現代。

民國以來，有些人使用「近代」一詞，係採前一概念，意指如文藝復興以後歐洲歷史之進程的那一段歷史。如胡適《中國古代哲學史》，把老子到韓非一段稱爲古代，漢至北宋初年稱爲中世，宋元明清儒家復興，則爲近世。馮友蘭《中國哲學史》說：「中國實只有上古與中古哲學，而尚無近代哲學也。……中國哲學史中，自董仲舒至康有爲皆爲中古哲學，而近古哲學則甫在萌芽也。」跟胡適的時間區劃不同，但同樣是用中古經院哲學來擬想中國哲學史，而把掙脫教會經院體系的文藝復興時期，視爲近世之起點。正因爲他們都持這種歷史觀，所以「五四」新文學及文化運動，才會被他們比附為文藝復興❹。

但隨後崛起且聲勢浩大的馬克斯主義史學觀並不採此看法。在他們的分期中，古代、近代、現代，是和封建社會、資本主義社會、社會主義社會直接關聯著的。如何把這套歷史觀扣合到中國歷史上，實在煞費苦心。從民國十九年社會史論戰起，一直吵到現在，但基本架構已經被勾勒出來了。就像嚴家炎所批評的，現在中共史家一般均將鴉片戰爭以前歸入古代封建時期(雖然可能已有「資本主義萌芽」)；鴉片戰爭到五四，稱為近代，是資產階級改良派謀求救國及產生資產階級革命的時代；五四以後，共產主義興起，逐漸打倒了資本主義，建立社會主義政權，故名為現代❺。不過，為了凸出「建國」的意義，一九四九以後，又特稱為「當代」。例如朱寨《中國當代文學思潮史》便說：「當代，這裏是一個特指的時間概念。從社會歷史來說，它是指一九四九年十月中華人民共和國的建立，到一九七八年十二月中國共產黨十一屆三中全會的召開這段時間。……具體到當代文學思潮的發展，則是從一九

❹ 另詳龔鵬程〈察於時變：中國文化史之分期〉，收入《思想與文化》，民國七四，業強。

❺ 樊駿〈既有理論價值又有實踐意義的探討——關於討論近一百年文學歷史分期的幾點理解〉也說：過去把鴉片戰爭以來的文學「分為近代文學、現代文學、當代文學三大段，相當於舊民主主義革命時期、新民主主義革命時期、社會主義革命和建設時期。實際上是完全按照中國社會中國革命的歷史進程劃分的」。一九八六年十二期《文學研究參考》。

四九年七月召開的全國第一次文代會到一九七九年十月召開的全國第四次文代會這段時間。」一九七九以後，全面總結了三十年來的錯誤，確立改革開放的路線，所以文學也「進入了一個新時期的歷史轉折」，稱爲新時期文學。

這個「近代——現代——當代——新時期」的分期描述法，不僅帶有馬克斯主義特殊的歷史觀印記，而且文學史緊密地與革命史、中共政權發展史聯結爲一體。不但認爲「建國後文學思潮的流向、起伏，無不受政治形勢和政治運動的制約。不僅是在總的方向上完全一致，而且從組織領導和工作步調上也都完全結合起來」❻，連其「建國」前的文學史，也被迫納入這個脈絡中來。

4

運用馬克斯主義並參考歐洲史來討論中國歷史的，當然不只有中共的史家。例如日本京都學派自一九一〇年以後，內藤湖南卽將唐宋之交視爲中國中世社會結束、轉入近世的關鍵期；東京學派（或稱歷史研究會學派）則主張宋以前是古代，宋以後是中世社會。這樣的差別，顯示了所謂「近代」云云，絕對不是個單純的自然時間概念；何者方爲近代，也是個難

---

❻ 朱寨文，見上引書。

以認定的問題。如果我們不但擺脫不了這其中蘊涵的糾葛，還更進一步將它與政治統合為一，勢必帶來更大的困難。因此，面對這個畸型的論述結構，重新反省我們的文學史觀，應該是當前文學研究的基本起點。

5

近年展開此等反省者，頗有其人，底下我準備介紹幾位大陸友人的成績和見解，並對他們的說法提出些再反省。例如陳思和在《中國新文學整體觀》臺灣版序中曾說：

> 新文學整體觀不單單是一種新的文學史批評視角，它標示出一種新的文學史觀念。在我看來，無論大陸還是臺灣，在一九八五年以前，學術界都是把二十世紀的中國文學切割成一個一個小塊。從時間上說，一九一九年是一個界限，一九四九年也是一個界限，大陸文學在一九七六年又是一個界限，把總共才一百年不到的文學史切割成近代文學、現代文學、當代文學、新時期文學……。在空間上，海峽兩岸文學的分割固且不說，大陸的現代文學史既不包括三〇年代的偽滿文學，也不包括抗戰時期的淪陷區文學和五、六〇年代的香港地區文學。文學史的支零破碎狀況使許多研究者不能不把精力投注到局部文學現象的微觀研究上。由於缺乏對文學大背景的整體把握，文學的

各種現象都成了孤立的碎片，局部現象的無限放大不但被人爲地改變了面目，而且造成了整體研究的失調。文學史成了各種碎片的拼湊，看不出史的因果流變、歷史因素以及它的當代性意義，也看不出對作家作品的貼切評價和準確估定。

臺灣其實並沒有「現代文學」「當代文學」「新時期文學」的分法；就連使用「近代」「現代」二詞，其含意也與大陸不同。陳思和顯然並未注意到這兩點，因此他的批評與反省，主要是針對大陸的文學研究傳統而說，並不切合臺灣的狀況。他不滿於支離破碎的切割微觀，可能也不滿意經由這種分割而建立起來的人事組織、教研體制（似乎應注意這一面。或許這些方面的問題才更直接引起他們的反省），故主張放棄這種區分，整體地把握「二十世紀的中國文學」。理由除了上文所述之外，他繼續說道：

一九八五年大陸學術界提出了「二十世紀文學」的概念，試圖打破文學史研究中的人爲分隔，把文學視作一個整體來給予重新估定。我的這本小書的寫成，也正是基於如下的文學史觀念：二十世紀以來，中國文學在時間上、空間上都構成了一個開放型的整體。唯其是一個有機整體，它所發展的各個時期的現象，都在前一階段的文學中存在著因，又爲後一個階段的文學孕育了果，它在同現代中國社會政治、經濟、思潮、文化心理等外部因素不斷的交流中調節自身的規律，並以其自身規律的變化發展來適應

> 這種交流，求得平衡的對應地位。又唯其是開放型的，這一整體將隨著現代社會諸種因素的變化而變，每時每刻都會有新的元素滲入到它的運轉軌道，並且任何一種新的元素一旦加入了這一整體，卽被納入到整體的有機結構中去，就會導致這個整體內部的一系列元素的重新估價。譬如，這幾年大陸文化尋根熱的出現，直接喚起了學術界重新研究文學史上現代田園抒情小說的興趣。以同樣的理由也可以想見，一旦六、七○年代的臺灣文學被整合進中國文學史的話，就可能會使以往文學史面貌完全改觀。因此，新文學的整體觀要求每一個文學史研究工作者必須面對現實、面對未來，必須關注生活中時時出現的新東西，以隨時調整、修正以至發展新文學史的旣定結論。

他所說大陸學界提出「二十世紀文學」的事，是指一九八五年第五期《文學評論》刊載〈論二十世紀文學〉以後所引起的討論。該文後經《新華文摘》同年十二期、《評論選刊》次年第一期轉載，可見它頗受矚目。該文作者黃子平、陳平原、錢理羣等，後來又將他們在《讀書》上連載的對話錄及對「二十世紀文學」各種反響之意見，匯錄成《二十世紀中國文學三人談》。該書於一九八八年出版，其後此一論題似乎仍在繼續發展，北大於一九九○年舉辦過一場「二十世紀中國文學研討會」，由嚴家炎主編的六卷本《二十世紀中國小說史》第一卷（一八九七——一九一六）於一九八九年十二月出版了。六卷本《二十世紀中國小說理論資料》第一卷也已出版。宣稱既要打破「近、現、當代」的格局，擴大研究範圍，又要注重方法的創新。

他們所謂的「二十世紀中國文學」，是指整個二十世紀中國文學應代表一個不可分割的有機整體，是古代中國文學走向現代文學，並匯入「世界文學」的歷程。亦即在中西文化碰撞中，從文學方面形成現代民族意識的進程。故其整體走向，是「走向世界文學的中國文學」；其總體主題是「改造民族的靈魂」；其現代美感特徵，則以「悲涼」爲基本核心。提出此種說法，他們認爲：「在『二十世紀中國文學』這個概念中蘊含著的一個重要的方法論特徵，就是強烈的整體意識，一個宏觀的時空尺度——世界歷史的尺度，把我們的研究對象置於兩個大背景之前」，一是與之斷裂的中國古典文學傳統；二是本世紀的世界文學總體格局，例如歐美文學對其自身傳統的反叛，日本、非洲、拉丁美洲文學亦皆由傳統文學典範開始向現代文學過渡。

6

不論是陳思和的「新文學整體觀」，還是黃子平等人的「二十世紀中國文學」概念。第一個特徵就是他們都積極在擺脫文學與政治勢力的關聯。此所謂「擺脫」，一是認爲文學發展的進程應當依照文學本身的標準來訂立，而不能依據政治狀況來分期，所以他們要「研究文體發展的歷史線索與軌迹，揭示文體本身諸種因素的內在矛盾及演變規律」或「就作家、作品與讀者三個方面進行綜合考察」，擺脫過去那種單純從屬於、依附於政治的附庸地位，確立文學自身的自主性。

其次，是擺脫政治氣候及政治判斷對文學研究的限制。過去，由於受到政治影響，許多作家不能研究，許多作品評價有問題。「改革開放」以後，政治氣氛鬆動，「蒙寃含辱的作家、作品重新受到肯定，被遺忘了的作家、作品重新成爲研究對象，過去不敢問津的作家、作品也得到了應有的評價」。整體觀或二十世紀中國文學的概念，即是從理論及研究方法上，自覺地把這種態勢固定下來，宣稱要「盡可能占有第一手資料，塡補近、現、當代小說研究的若干空白」。而他們對「解放區文藝」價值之重估，正確判定它因政治壓倒了一切、掩蓋了一切、沖淡了一切，故價值不高，也引來堅持延安文藝傳統者之反唇相稽❼。

「二十世紀中國文學」之類概念的第二個特徵，在於他們提出了整體觀。亦即視近百年中國文學之發展爲一具內在關係之有機的整體，且從方法上改變細碎、個別的研究路向，轉而「從整體上把握」。

❼ 見余飄〈周恩來同志與解放區文藝〉，《延安文藝研究》，一九八六年第四期。

所謂近百年中國文學是一有機的整體，依黃子平等人的解釋，是說近百年來中國一直在繼續著一種由傳統過渡到現代的進程。依陳思和說，是指這個時期中不同層次及階段的文學，互相繼承、補充、更新、發展、相成相依，構成一個整體；它與世界文學及本國傳統也不斷交流，形成「中國新文學」這個開放型的整體。

從整體上通貫全局地解釋文學發展之流變，顯然如陳思和所云，爲一「史的方法」。但他們理論的第三個特徵，卻在於它不僅僅是種文學史之研究。他們說過：

> 在這一概念中蘊含的「整體意識」還意味著打破「文學理論、文學史、文學批評」三個部類的割裂。如前所述，文學史的新描述意味著文學理論的更新，也意味著新的評價標準。文學的有機整體性揭示出某種「共時性」結構，一件藝術既是「歷史的」，又是「永恆的」。在我們的概念中滲透了「歷史感」（深度）、「現實感」（介入）和「未來感」（預測）。既然我們的哲學不僅在於解釋世界而且在於改造世界，……文學史的研究者憑借這樣一種使命感加入到同時代人的文學發展中來，從而使文學史變為一門實踐性的學科。

史的研究，原來卻還含蘊著改造現在景況之企圖哩。

7

樊駿曾準確地指出：「看黃子平、陳平原、錢理羣論二十世紀中國文學的文章，看陳思和論新文學研究的整體觀的文章，都使人感到他們的這些思考和結論，直接受到新時期文學思潮和流向的啟發與推動，甚至可以這樣推測：如果沒有新時期文學，他們不一定會有這樣的思考和結論」❽。

重新認識歷史，往往是基於眼前現實的需要，故存在處境與歷史認知通常是合而爲一的。由於大陸新時期文學的發展，一九七九年的人忽然感到自己與一九一九年「五四運動」的人們站在相似的存在情境中。五四時期批判封建社會，要改造國民性、提倡民主與科學，高舉文學革命之大旗，要從語言形式及思維內容上啟迪民智，以免於亡國之危。新時期也處在同一危機意識中，深怕中國就要被「開除球籍」了，所以也批判封建積淀，努力推動中國的現代化。在這個「共時性」的結構中，大家發現七八十年來，中國似乎就在一個命運中彳亍打轉。這個命運，卽是現代化。近百年的中國史，卽是古老中國逐步現代化的歷程。其中

❽ 同注❺。另請參考王瑤、樊駿等編《中國現代文學研究：歷史與現況》（一九八九，中國社會科學出版社）中趙園對八五年文學研究的分析。

有曲折、有頓挫，但只是一件事、一件至今仍未完成的工程。所以，近百年的歷史，只能看成是個整體的。提出「二十世紀中國文學」這個概念之所以具有實踐性，也正是因爲當前大陸仍迫切需要現代化。這種整體，不是把「近代——現代——當代——新時期」連接起來的整體，而是與那種分期法有著全然不同的意識內容。後者是馬克斯主義，前者則是現代化理論⑨。

嚴家炎於今年六月新加坡漢學研究之回顧與展望會議中發表的〈現代小說研究在中國〉，便鮮明地顯示了這種以「現代化」來爲五四以降文學定性的企圖，他說：「二三〇年代小說的評論與研究，著眼點始終注意小說的現代性。一些流行的小說論中所說的『中國小說的世界化』，實際上指的就是中國小說的現代化。蕭乾稱五四小說爲『經西洋文學薰染而現代化了的初期中國小說』，張定璜評論魯迅〈狂人日記〉時說……我們由中世紀，跨入了現

⑨錢理羣說：「嚴家炎老師在一篇文章裏最早提出了中國文學的現代化是從魯迅手裏開始的。他用『現代化』這樣一個標準，打開了思路。」黃子平說：「『現代化』這個概念就包含了好幾層意思：由古代文學的『突變』，走向『世界文學。』或者用嚴老師的話來說，是『與世界文學取得共同語言』的文學等等。」錢氏又說：「還有民族文化的重新鑄造。這個命題就逐漸完善起來，提出『既是現代的，又是民族的』，這樣一個進程是從魯迅手裏開始的。當然我們把它向前追溯到戊戌，但是很清楚，我們的概念的形成是跟著這幾年現代文學研究的路子一起走過來的。」

代。」這樣的評述，即是把五四和八〇年代拉到同一個歷史位階上，都看做中國跨出中世紀，走向世界、現代化的表現。

8

生活在臺灣、在大陸的社會與歷史觀之外生活著的我們，存在之境遇感自然不同於黃子平陳思和等人。因此，在他們具有重大突破意義者，對我們來說，便覺得頗爲平常，甚或不關痛癢。因爲理論的評價與歷史情境的評價，往往是不盡脗合的。由歷史情境上看，我們能夠理解他們提出這個概念的用心、價值與理據；但若針對這些概念做一理論的批評，我們可能就仍需指出他們受限於存在處境所引生的理論困難。

什麼樣的困難呢？

「二十世紀中國文學」這個概念，係架構在「近百年來中國正處在現代化進程中」的歷史理解上。現代化，又被認爲是一種世界性的運動，一方面亞、非、拉丁美洲等地區皆因受西方勢力及文化之衝擊，而展開其現代化，顯現出脫離個別傳統文化、匯入世界的大趨勢；另一方面，歐美文化也在與亞非民族相遇之後，吸收了他們的文化，叛離自身之傳統。兩者遂共同組構成一個「世界文化」。從文學上說，即「世界文學」。中國現代文學，猶如中國這個國度，開始克服閉關自守，「出而參與世界的文藝之業」，走向世界文學。這種走向，也是對中國古老傳統的斷裂，及重新塑造民族文化之歷程，故「既是現代的，又是民族的」。

此一思路，實際上仍採用西力東漸、中國逐漸西化、現代化、世界化的歷史解釋模型。然而以現代化爲新指標，重新討論近百年之歷史，從社會意識上說，並沒有脫離政治的影響，因爲中共官方所謂改革開放，正是以「四個現代化」爲標幟的。而黃子平他們所說的「走向世界」或「走向世界文學」，也並不是從文學的歷史研究中形成之概念，而是把當前社會意識及願望反映到文學史的論述中。試看上海中西哲學與文化交流中心編的《中西文化沖撞》、《中西文化交匯》一類討論，或一九八五年湖南人民出版社出版的《走向世界文學》、一九八四年岳麓出版社出版的《走向世界叢書》、一九八八年人民出版社的《面向現代化面向世界面向未來叢書》，便可了解他們會在一九八五年提出此等理論，殊非偶然。此即未脫中共史學界一貫地「古爲今用」之弊病。雖然從方法論上說，歷史詮釋者存在的感受必然與其歷史解釋混融爲一，但歷史研究畢竟與時論不同。我們固然可強調哲學不只是要解釋世界，更要改造世界；但努力想脫離政治羈絆的文學研究，爲何不能自我釐清文學史論和政論之間的分際呢？看來他們標舉「歷史感、現實感和未來感」，卻對歷史研究中這三者間複雜之關係，尚缺乏方法論的自覺與辨析哩⑩！

由於缺乏這個層次的自覺與辨析，故他們對於其所使用的「現代化」這個觀念也欠缺反省。例如他們把亞非各國「接受技術文明和世界文化」而展開的文學改良，和歐洲吸取亞非文化，放在一塊兒討論。卻未曾注意到：所謂「亞洲的醒覺」是指亞洲之現代化，而歐美的東方主義者（Western Orientophiles）卻是反現代化思潮的一種表現，兩者怎麼能拼成一個現代化的世界總體大趨勢呢？這裏涉及對現代化的了解。我們不能含糊籠統地說亞非地區向西方學習、西方向東方及非洲黑人學習，所以「東西文化交流撞擊」便成了世界文化。而且歐美的反現代化思潮、西方的東方主義者，固有汲取東方文化之現象，然而此種思潮並非由於吸收了東方文化而來。它生自上個世紀末及第一次世界大戰後對歐洲文明的總體反省，艾略特、葉慈、赫胥黎、喬埃斯的作品和史賓格勒的預言，都可顯示它們不是東西文化碰撞的結果，而是西方危機意識下的產物。在此危機意識之下，拯救沈淪或改善處境之道甚多，汲引亞非文化，但爲其中一端耳。何況即使是汲引亞非文化，亦不能理解爲西方人在「吸取東方之靈感以扭轉其自身之傳統」。因爲他們反省的對象根本不是傳統文化，而是現代化。再

---

⑩ 一九八八年第三期《文學遺產》即有胡平的〈古典文學研究的現實危機與暫行出路〉一文，嚴厲批評過去幾十年文學研究爲現實服務之弊，呼籲重視古典文學研究的歷史意識與客觀性要求。

說，這種汲取，對亞洲反而提供了另一種示範作用，如衛西琴（Alfred Westharp）影響了梁漱溟、柏格森影響了張君勱和梁啟超之類，反倒是強化了亞洲民族保存其獨特精神文明的念頭，以反抗西方⑪。

這也就是說，他們並未從現代化即一世界化的神話迷思中走出來，故不免將近百年史簡單地解釋爲世界諸民族追求現代化之歷史，未考慮到「現代化」這個觀念及現代化史中的複雜性。所以他們只提日本明治維新的向西方學習，只談十九世紀八〇年代日本的文學改良，卻忘了明治維新最後的結果是極端的民族主義，形成了泛亞洲主義的「大東亞共榮圈」理論。其他如「黑色非洲文化價值的整體觀」及「伊斯蘭教振興運動」的出現，不也是非洲和中東地區現代化的結果之一嗎？他們對近代世界「民族的片面性和局限性日益成爲不可能」的描述，其實只是一種單一觀點下的幻象而已⑫。

毫無反省地援用現代化理論，當然也會無反省力地繼續現代化理論的歷史觀，強調傳統與現代的「斷裂」，把傳統社會貼上負面評價的標籤，諸如病態的社會、長期的封建統治造

⑪ 另參艾愷《文化守成主義論——反現代化思潮的剖析》，民國七五年，時報出版公司。

⑫ 奈思比特夫婦合著之《二〇〇〇年大趨勢》，也談到本世紀末現存的世界文化貌似神異之現象。表面上全球生活型態日趨一致、英語幾將成爲世界語、所謂「地球村」似已成爲事實，然而文化民族主義卻在擴大發展。參見其書第四章、第九章。民國七九年，天下文化出版。

成的愚昧落後等等。主張文學應持續對之進行批判與否定，繼續「啟蒙」、繼續「改造國民性」。

但在一個現代化理論已經喪失其典範意義的社會裏，文學研究者恐怕就不會如此說了。五四的「斷裂」會被批判、被反省、被超越⑬；所謂的「斷裂」是否眞屬斷裂，會被重新檢討；東西文化衝撞，中國走向世界，會被視爲一古舊的歷史解釋模型，而從其他方向來設想解說中國近百年史之道⑭；所謂「感時憂國，涕淚交流」的現代文學，會被指出其中含有若干虛妄性，詭諧笑噱與通俗弔詭，未必便不是「新」文學的傳統……⑮。在一個已經不再需要或乞求「啟蒙」的社會，文學的啟蒙或啟蒙的文學皆不再爲人所追求，故亦不復以此推許五四文學運動。臺灣，就是這樣一個社會。因此，在陳平原他們仍在推崇五四文學運動於語

---

⑬ 例如「後五四人物」殷海光的弟子林毓生，對五四的反省與批評。例如傅大爲對殷海光等臺灣後五四人物與五四的關係，採「斷裂」的解釋等。

⑭ 例如龔鵬程對從晚清到五四之文化變遷，不採西力東漸、中國人向西方學習說，而另建一解析模式。見〈傳統與反傳統——以章太炎爲線索論晚清到五四的文化變遷〉，收入民國七九年古典文學研究會編《五四文學與文化變遷學術研討會論文集》，學生書局。

⑮ 例如王德威對中國「現代寫實小說」的重新解釋，見其《從劉鶚到王禎和——中國現代寫實小說散論》，民國七五，時報文化。《眾聲喧嘩——三〇與八〇年代的中國小說》，民國七七，遠流出版公司。

言形式（文體）方面的革命功勛時，臺灣老早就要在文學上「降五四的半旗」。認爲「五四新文學，……淺顯的文義、對仗的句法、鬆懈的節奏、僵硬的主題、不假思索的形容詞、四平八穩的成語，表現的無非是一些酸文人的孤芳自賞、假名士的自命風流，或者小市民的什麼人生哲學、婆婆媽媽的什麼邏輯。這一切，距離現代人的氣質和生活，實在太遠太遠了」⑯。

這倒不是說臺灣就比大陸「先進」；也不意味著從臺灣這個「現代化過來人」的立場看，大陸文學研究同行們對五四以來文學性質與發展之認定，只是一聲尚未或正在現代化社會中的呼號罷了。而是藉著臺灣與大陸對近百年文學史的認知差距，來彰顯他們所提出的「二十世紀中國文學」之概念可能並非眞理或眞相。對於現代化的理解與態度、對於解釋近百年中國史的詮析模型、對於歷史與現實世界的關係，他們可能都得再花點氣力去思考。現在編寫的這幾大卷小說史、幾大卷資料集，費力甚勞，而其基礎卻不甚穩固，這是我們所擔憂的。爲使功不唐捐，自宜愼加思慮。本文篇首幾節所論，或許可做爲再反省的起點。

八十、八、二十　二十世紀中國文學研討會

⑯ 見余光中〈我們需要幾本書〉，收入《焚鶴人》，民國六一年，純文學出版社。

臺灣的明清小說研究概況（七六—七八）

會議

第八屆中國古典會議　七六、四、一一—一二

魏子雲：〈水滸傳的「致語」與「三遂平妖傳」〉

清大・古典小說戲曲研討會　七六、五、一六

禹東光：〈聊齋誌異中社會指向的變形母題……幾個成年禮故事的意義〉

明代戲曲小說國際研討會　七六、八、七—九

輔大・近代文史哲研討會　七七、六、二一—二二

齊曉楓：〈雙漸、蘇卿故事的演變與發展〉

清大・古典小說戲曲研究討會　七七、一二、三

王三慶：〈今古奇聞和娛目醒心編之研究〉

清大・古典小說戲曲研究會

林明德：〈初探「醒世姻緣傳」〉

齊曉楓：〈雙漸、蘇卿故事的衍變與發展〉

清大・學術研討會

胡萬川：〈從朝代、地名用語、談醒世姻緣的寫作年代〉

中山大學・清代思想與文學研討會　七八、一一、一一—一二

胡萬川：〈士之達，其困何如……明末清初通俗小說中未達之秀才〉

汪志勇：〈聊齋俗曲東坡外傳研究〉

淡江大學・晚清文學與文化變遷研討會　七八、一二、三—四

金泰範：〈從藏書閣本「紅樓夢」看十九世紀中韓的文化交流〉

學位論文

秦英燮　《紅樓夢的主線結構研究》　臺大中文七六

朴河貞　《兒女英雄傳研究》　臺大中文七六

方哲恆　《老殘遊記析論》　臺大中文七六

古田洋介　《破鏡重圓故事及其有關文學初探》　臺大中文七六
童宏民　《元明戲曲小說中之伍子胥》　政大中文七六
王華昌　《晚清小說與改革運動（一八九五—一九一一）》　政大歷史七六
邱茂生　《晚清小說理論發展試論》　文化中文七六
陳妙如　《啖蔗研究》　文化中文七六
禹東光　《聊齋誌異夢境與變形故事之研究》　東海中文七六
柳喜在　《三笑姻緣故事研究（以唐解元一笑姻緣爲主）》　東海中文七六
徐貞姬　《兩種「三遂平妖傳」研究》　臺大中文七七
施鐵民　《紅樓夢年月歲考》　臺大中文七七
王心玲　《諷刺之形態：兼談晚清之四大小說》　臺大外文七七
朴正道　《聊齋誌異研究》　師大中文七七
蘇義穠　《傳統小說中李逵類型人物研究》　政大中文七七
鄭東補　《二拍藝術技巧》　輔大中文七七
李壽菊　《三遂平妖傳研究》　東吳中文七七
王千宜　《金雲翹傳研究》　東海中文七七

金泰範　《韓文藏書閣本紅樓夢研究》　東海中文七七
黑島千代　《聊齋誌異與日本近代短篇小說的比較研究》　文化研究七七
李進益　《天花藏主人及其才子佳人小說之研究》　文化中文七七
陳益源　《剪燈新話與傳奇漫錄之比較研究》　文化中文七七
林豔枝　《嘉靖本荔鏡記研究》　文化中文七七
林佩慧　《晚清戲劇小說繫年目及統計分析》　臺大圖館七七
姜台芬　《追尋意義之旅——「天路歷程」與「鏡花緣」的寓言探索》　臺大外文七八
吳淳邦　《清代長篇諷刺小說研究》　臺大中文七八
林慧君　《晚清小說中所反映的中國商業界》　政大中文七八
張仁淑　《馮夢龍雙雄記之研究》　政大中文七八
陳葆文　《中國傳統短篇愛情小說的衝突結構》　師大中文七八
姜　姝　《湯顯祖邯鄲夢記研究》　師大中文七八
柯玫文　《三俠五義研究》　東吳中文七八

期刊論文

曹仕邦　〈西遊記若干情節的本源八探〉　《書目季刊》20：4·10—19　七六、三

徐仁存　〈石頭記第六十四及六十七回的眞僞問題（上）〉　《中文文學》15：12·4—28　七六、五

徐有爲　〈石頭記第六十四及六十七回的眞僞問題（下）〉　《中文文學》16：1·63—80　七六、六

陳兆南　〈水滸版本知見目〉　《書目季刊》21：2·80—91　七六、九

胡萬川　〈明代戲曲小說國際研究會記要〉《漢學研究通訊》6：3·121—125　七六、九

王關仕　〈紅樓夢考鏡（續）（六）（七）〉　《中國學術年刊》9·209—215　七六、九

龔鵬程　〈紅樓猜夢——紅樓夢的詮釋問題〉　《中外文學》16：6·9—34　七六、一一

吳淳邦　〈中國諷刺小說的諷刺技巧特點〉　《中外文學》16：6·144—164　七六、一一

魏子雲　〈關於金瓶梅崇禎本的問題〉　《書目季刊》21：3·124—126　七六、一二

徐貞姬　〈平妖傳之主題研究〉　《中外文學》16：8·61—68　七七、一

余國藩　〈西遊記的敘事結構與第九回的問題〉　《中外文學》16：10·4—25　七七、三

曹仕邦　〈西遊記若干情節的本源九探〉　《書目季刊》21：4·46—59　七七、三

王關仕　〈紅樓夢考鏡（八）〉　《師大國文學報》17·223—230　七七、六

盧慶濱〈八股文與金聖嘆之小說戲曲批評〉《漢學研究》6：1・395—406 七七、六

小川陽〈明代小說與善書〉《漢學研究》6：1・331—340 七七、六

何谷理〈章回小說發展中涉及到的經濟技術因素〉《漢學研究》6：1・191—211 七七、六

陳慶浩〈瞿佑和剪燈新話〉《漢學研究》6：1・199—211 七七、六

大塚秀高〈二刻かひ三刻へ——幻影をめぐへ〉《漢學研究》6：1・367—393 七七、六

張靜二〈從天意與人力的衝突論封神演義〉《漢學研究》6：1・689—703 七七、六

荒木猛〈「金瓶梅」十七回に投影された史實：宇文虛中の上奏文より見た〉《漢學研究》6：1・673—686 七七、六

馬幼垣〈嵌圖本水滸傳四種簡介〉《漢學研究》6：1・1—16 七七、六

柳存仁〈西遊記簡本・陽・朱二本之先後及簡繁本〉《漢學研究》6：1・511—528 七七、六

魏子雲〈馮夢龍與金瓶梅〉《漢學研究》6：1・269—296 七七、六

磯部彰〈清代における西遊記の諸形態とその受容層について——戲曲・繪畫を中心に〉

《漢學研究》6：1・487—510　七七、六
李殿魁　〈雙漸與蘇卿故事考〉　《漢學研究》6：1・551—580　七七、六
李文彬　〈明代傳奇中的薛仁貴故事〉　《漢學研究》6：1・581—594　七七、六
王安祈　〈明傳奇裏的關公〉　《漢學研究》6：1・595—620　七七、六
王國良　〈韓國抄本漢文小說集「啖蔗」考辨〉　《漢學研究》6：1・243—248　七七、六
金泰範　〈韓國各圖書館所藏中國四大奇書古本書〉　《書目季刊》22：1・92—100
七七、六
吳燕娜　〈醒世姻緣傳的版本問題〉　《中外文學》17：2・97—107　七七、七
余國藩　〈朝聖行——論神曲與西遊記〉　《中外文學》17：2・4—36　七七、七
余國藩　〈西遊記的源流・版本・史詩與寓言（上）〉　《中外文學》17：6・4—45
七七、一一
阮廷焯　〈毛宗崗評三國演義初刻本考〉　《大陸雜誌》77：3・36—38　七七、九
余國藩　〈西遊記的源流・版本・史詩與寓言（下）〉　《中外文學》17：7・72—100
七七、一二
魏子雲　〈萬曆野獲編卷廿五金瓶梅解說〉　《中國國學》16・181—188　七七　一〇

金榮華 〈啖蔗辨瑣〉《大陸雜誌》74：4・1—5 七六、四

金榮華 〈啖蔗續辨〉《漢學研究》6：2・353—368 七七、一二

張火慶 〈三寶太監西洋記的人物角色與旅途反應〉《興大中文學報》2・133—155 七八、一

辜美高 〈聊齋誌異與太平廣記的關係〉《書目季刊》22：4・12—40 七八、三

余國藩 〈英譯西遊記的問題——爲亞洲協會國際中英文翻譯會而作〉《中外文學》17：11・61—73 七八、四

賴芳伶 〈晚清女權小說的淵源及其影響〉《興大文史學報》19・55—72 七八、三

王關仕 〈紅樓夢考鏡（九）〉《師大國文學報》18・221—229 七八、六

出版

《晚清小說理論研究》 康來新 大安

《金瓶梅研究資料彙編（上編）——序跋・論評・插圖》 魏子雲編 天一

《增補中國通俗小說書目》 大塚高秀編著 東京汲古書院

《晚明思潮與社會變動》 淡江中文 弘化

《小說戲曲研究專刊第一集》　清大中語　聯經

《小說戲曲研究專刊第二集》　清大中語　聯經

《晚清小說研究》　林明德編　聯經

《貪嗔痴愛——從古典小說看中國女性》　鄭明娳編　師大書苑

《雙漸蘇卿故事考》　李殿魁　文史哲

《紅樓夢創作探秘》　黃炳寅　采風

《域外漢文小說研究》　中國古典文學會編　學生

演講

陳萬益　〈脂批紅樓夢的方法與特色〉　政大中文

王三慶　〈紅樓夢研究的回顧與展望〉　高師院

李田意　〈金瓶梅的作者問題〉　東海中文

康來新　〈開不完的春柳春花——大觀園的詩曲重建〉　文化中文

林明德　〈醒世姻緣初探〉　輔大中文

王關仕　〈賈寶玉·林黛玉·薛寶釵姓名的隱義〉　師大國文

卜乃夫　〈紅樓夢的藝術技巧與思想境界〉　高師院

臺灣近三年明清小說研究概況，略如上表，然其中頗有可述者：

臺灣的文學研究人力，主要來自大學中文系。但整個中文研究，事實上沿續著早期所謂「國學」的傳統。綜攝經史子集，以發揚中華文化爲職志，既不專門研究文學，亦無「專業」之設置。此與大陸學制及中文系之發展，頗爲不同。故極少專門研究小說者，多兼治其他，較爲通博。如《小說戲曲專刊》編委李豐楙先生，既論小說，又研究道教，也講傳統詩歌、現代文學。不像大陸學人，以古漢語爲專業的，便少涉足小說研究；以近代文學爲專業的，便不太管古典文學或現代文學。所以這是個基本的不同點。由這個不同點出發，我們即可發現：在小說研究領域中，大部分的學者都是兼差性質，較少專門對某一階段、某一書或某一作者專力研究的專刊、專書或學會。不比大陸有《聊齋誌異》、《儒林外史》、《水滸傳》、《西遊記》等書的學會及專刊、專門會議。對某一時段、某一書、某一作者的各項問題及資料，也不易如大陸同行這般，做得那麼細。但好處則是能博通其他學科，視野較寬。這在下文還會論及。

其次，因中文系基本上非專業取向，而且過去偏重於傳統國學，對文學、特別是小說，殊不重視。以致早期研究小說者極少。我曾統計至一九八四年爲止，凡一四九位中華民國國家文學博士論文，其中經學占二十一%、史學占五%、子學占二十二%、文學類占三十四%、語文考訂占十六%。但小說研究只有《魏晉南北朝志怪小說研究》、《太平廣記引書考》、《水滸傳研究》、《西遊記探源》、《紅樓夢板本考》五篇。其寂寥可知。

換言之，中文系的教育，並未培養小說研究的專門人才，基本上也不重視小說研究。但何以小說研究終能突破此種傳統學術之限制，而在最近幾年發展愈趨蓬勃呢？這便不能不談到傳播界、出版界與學術界複雜的互動關係。在臺灣，除了學校教育體系外，我們已經有了一個龐大的社會教育體系，由各種社教團體、大衆傳播體系、出版機構所推動。其力量足與學校教育分庭抗禮。小說研究，在校園及學術圈裏固然乏人問津，大衆傳播及出版界對它卻頗感興趣，且一直保持著關切。

出版方面，如天一出版社刊印了大批明清善本小說，不但刺激了學界，提供新的研究資料與論題，也培養了不少小說研究者。又如聯經出版公司，一方面聘學者點校考訂新刊小說，一方面發行《小說研究專刊》，影響亦極深遠。又如遠流出版社，於去年年底編輯完成了《中國民間傳說故事全集》四十大册，大概囊括了大陸及海外所有的民間傳說資料。參與此一工作的幾位先生，現又正爲金楓出版社編《中國豔情小說集》，搜羅史上禁毀散佚之豔情小說資料爲之。此外就是學生書局的《小說研究叢刊》，現已出版一百零四册；域外漢文學的整理計畫，則除編出《越南漢文小說叢刊》三類七册之外，第二期工作也大底告竣。除越南漢文小說外，包括了日本及韓國的資料搜集。學生書局還出版了《中國民間信仰資料彙編》，其中也有一部分小說資料，如《列仙傳》卽是。現已出版三十一册。

這些出版社約聘學人主持輯佚、考訂、校刊、編輯出版，實際上等於在推動一些研究項目。這對學界內部人力培養及整合當然會有極大的影響。其出版品出版後，能刺激學界更不待言。如古典文學研究會便曾針對域外漢文小說舉辦過一次討論會，論文結集出版爲《域外漢文小說論究》。在本文前表中，我們也會發現有關域外漢文小說，或戲曲與小說之關係、民間信仰與小說之關係等論文不少，這都是學界反受出版界刺激使然。

大衆傳播媒體與明清小說之關聯也極密切。報刊雜誌經常會企劃一些有關小說的座談會，或專題。一次專題，等於是一場小型的論文研討會；座談與演講，則在推動風氣、製造話題方面，卓有貢獻。對小說有研究的學者不怕會寂寞了，他永遠可在報刊雜誌及電臺廣播中講述他對小說的見解。也因爲如此，所以，在臺灣，專門的小說研究報告不一定只在學報上出現，報紙副刊或一般性雜誌中，經常有小說研究論著。如馬幼垣近年來有關《水滸傳》研究的文章，大概就都是在報端發表的。這些文章，因較難蒐集，故在前面表中，我並未列入，但不能不提醒讀者注意這一特點。

在這些出版界、傳播界與學界互動關係中，出力最多，影響臺灣近年小說戲曲研究較多的幾位先生是：朱傳譽、王秋桂、胡萬川、陳慶浩等。朱傳譽主持天一出版社，刊印善本小說資料。胡萬川創辦《小說研究專刊》及現在的《小說戲曲研究專刊》。王秋桂編《民間傳說故事集》、《善本戲曲叢刊》及《民間信仰資料彙編》等，把小說研究跟戲曲民俗研究結合起來。陳慶浩推動漢文化圈的文學史觀，其影響均甚大。

由於這幾位先生及其他學者的努力，出版傳播界之大力配合，方才使得臺灣的明清小說研究在最近這幾年比較蓬勃。

依前文列表統計，近三年間有關明清小說研究的博碩士論文即有三十一篇；專門學術期刊上發表的論文，則有四十二篇，其他還有十二三種出版品（每種可能包含若干册）。顯然比過去好得多，而且論文的分布狀況也很均勻。如討論《金瓶梅》、《紅樓夢》之作者及成書狀況、天花藏主人是誰、馮夢龍與《金瓶梅》的關係如何等，屬於作者問題。討論《啖蔗》、韓國藏書閣本《紅樓》、《水滸》版本、《西遊記》版本及《金瓶梅》資料彙編等，屬於版本資料問題。此外，由李殿魁先生提倡的研究故事源流之風氣，亦使近年此類論著數量顯著增加，如雙漸蘇卿故事、吳子胥故事、破鏡重圓故事、三笑姻緣故事等之研究，均屬此類。

分析作品內容的論文，有《紅樓夢的主線結構》等十數篇。比較研究則如以《剪燈新話》來和越南漢文小說比較，可以看出在不同地域及文化環境中，小說之功能及對小說之評價均將產生變化。《剪燈新話》在中國地位不高，對越南韓國之影響卻極大。又如異文化間之比較，如《聊齋誌異》與日本近代短篇小說比較、《鏡花緣》與西洋小說《天路歷程》的比較等等，也頗有意思。除此之外，小說與社會之關聯，亦爲近年之研究重點，如晚淸小說與改革運動之關係、晚明小說與社會變動，皆爲論者所關心。

整體看來，我們會發現這些年的小說研究有幾個特色：

一是由於出版界的推動以及主事者幾位先生的觀念，強調了資料在研究中的重要性。近年研究者在搜集及使用考訂資料上，均遠勝於過去的小說研究。

二是把小說和民俗、民間文學、戲劇、宗教等結合爲一個整體的研究單位。小說和戲曲、宗教等，在大陸可能被分成幾個各不相干的專業，但臺灣近年來多傾向於將之整合成一體，並納入社會文化的領域中去觀察。

三是考訂源流之法被廣泛運用。此雖係蔣瑞藻、顧頡剛等人所用之舊方法，但現在已能漸漸發展出方法上的自覺，形成一類似西方主題學型態的研究，故仍不失爲可喜之趨向。

四、專家正逐漸形成。過去因較少人從事小說研究，且無專業教育之傳統，故不易形成專家。但現在也有一部分學者，因興趣所鍾或其他因緣，長時間精力萃集某書，而逐漸成爲專家者，如魏子雲之於《金瓶梅》、康來新之於《紅樓夢》等。目前專家雖不太多，然此似將成爲氣候。

五、過去的研究只集中於幾部大書，現因材料增加，視野自然擴大。且因把小說與民俗及整個社會關聯在一起談，故又發現了許多過去未曾注意到的問題，比較研究做得也較多。

六、有關小說理論及研究方法之探索，發展較不順暢。因爲實證研究蔚爲風氣，人人講版本考證，即或分析作品，亦以簡單之結構分析爲主，很少眞正進入理論層次。在面對「小說」「中國小說」時，我們該以什麼方法來進行理解？看一部中國小說與看一部西洋小說，能不能依同一方法及標準來看？這些都是非常基礎的方法論問題，但很遺憾的是：追問這些問題的人極少。現在一般只用實證方法，有濃厚的歷史客觀主義傾向。這種趨向，可能與臺灣鑽研文學理論的一批年輕學者只集中討論詩論、文論，而不太關切小說研究有關。最近幾年，只有王德威在這方面表現得最好。

七、對於中國小說發展的規律問題，臺灣學者似乎不如大陸那麼關心。大陸學者現仍喜歡用「封建時代末期」、「資本主義萌芽」等一類概念；用馬克斯歷史分期去概括小說史，替小說發展尋出個規律。臺灣的研究者則一般認爲：明清間小說的作者、版本、年代、流傳狀況普遍搞不清楚，連這些都弄不清，奢談什麼小說發展之規律呢？這個想法固然不錯，但所謂歷史宏觀的研究，似乎也不能放棄，只要不那麼僵化，硬套框框，應該還是值得探討的。另外就是寫實主義的問題，過去很長一段時間我們是以寫實主義爲審美依據的。現在大陸仍是如此，臺灣則已逐漸擺脫此一框架，發展出更活潑豐富的評價系統了。

七九、一　南京明清小說研討會專題報告

八〇年代的中文研究所

中文系所，在六〇年代的臺灣，曾經被視爲頑固保守者的象徵與堡壘。在當時，學界瀰漫著「傳統與現代」的意識糾結。中文系，不免被看成是傳統的護法。在整個社會努力現代化的洪流中，依然長袍馬褂，維繫著固有文化於不墜；或者，也可說是仍舊食古不化，與世齟齬。中文系所的師生，既感傷於社會淡漠，又必須應付世人疑惑、乃至譏嘲的眼光；但也因此，同時又覺得驕傲自負，以道統及文化之傳承者自居，對社會之冷漠，亦報之以「橫眉冷對」，憤世嫉俗。

歷經七〇年「新／舊文學」「中國『文學』系」諸爭論，又跋涉了西方文學批評理論、比較文學對中文系的衝擊之後，輕舟已過萬重山，舊日的陰影雖未褪盡，心頭的烙痕依然分明，但時代畢竟不同了。八〇年代中期以後的中文系所，似乎已經進入了一個新的階段。

民國七十三年，我發表〈中華民國國家文學博士論文內容與方法的評析〉一文時，中文系諸同行頗不以爲然。認爲評騭不公，論中文系之弊端亦言過其實。而且，我人微言輕，中文系縱使確實存在著一些問題，也非憑我之一言即能改善。

因此，該論文之提出，只顯示了一個意義：中文系所內部仍擁有反省更新的活力。這種力量，逐漸滋長，並配合形勢，遂使得中文系所於各人文學科中，顯得特具生氣。

以中文系所的教學行政人事結構來說。中文系本來總予人「老夫子」之感，但它的新陳代謝反而最通暢迅速。像我，才三十四歲，已經做完系主任及所長了。這種現象，只是特例嗎？不！淡江中文系裏比我還年輕的教師幾達二十人。這在從前，乃是不可想像的事。其他學校縱使不至於此，年輕化仍是近幾年可見的大趨勢。此一趨勢，倒也非年輕人硬把老人擠開，奪去了老人手中的棒子；而是在比較溫和圓熟的處理氣氛中，自然達成的轉移。因此，年輕人固然可以出頭，老輩也依然活躍。高明、潘重規、鄭騫、孔德成、史次耘、王靜芝……諸先生，仍意氣風發地在爲中研所耕耘，與十數年前亦無甚不同。這是非常特殊的現象，彼此達成了一種微妙的平衡關係。據我所知，史學與哲學界的朋友，對此似乎頗爲豔羨。因爲在他們的學門中，「論資排輩」的遺習，猶存古風。故對中文系這個以古色古香聞名之系科，竟有如此新貌，尚不甚習慣也。

與此一趨勢相呼應的，是中文系所學術社羣內部的師承血緣關係，已漸打散。現下除了臺大、師大仍維持其系友型態人事結構外，各校均廣泛聘用不同出身背景的教師。這類現象，若用發展社會學的現代化理論來描述，則中文系所人員結構的變遷，似乎已經從舊有的「血緣」「身分」取向，轉換到「成就取向」；同時，個人在社羣中的流動亦較頻繁。

反映這個新社羣秩序的多元性格，也已逐漸形成。各校中文研究所已能根據其師資狀況及發展目標，來試著規劃課程、制定方向。例如逢甲的「中文計算機系統」，師大的「中韓詩學比較研究」「中韓文化比較研究」「西藏文」，中正的「翻譯與寫作」「近代美學思想」……之類，均可視爲該校之特色。雖未必便爲他校所無，然總算能照顧到各校自己的需要，應該是可喜的發展。

特別是，中文研究所陣營裏，漸漸出現了一種新型態的研究所。例如清華大學中語系延伸分化出了文學所與語言所；成功大學則結合中文系與歷史系，辦了個歷史語言研究所。這些研究所很難劃於中文系所之外，但又與舊有的中文研究所甚爲不同。像清華大學文學所，兼治古今中外文學，其課程便與師大國文所迥異，沒有一門是一樣的。它的語言所，大概也只「音韻學」一科，略近於師大國研所系統，餘則盡異。這種現象，自然豐富了中文研究的領域，促進了多元化的發展。而且，假如再借用現代化理論來說明的話，我們也可發現，這是中文系所結構，經由專業化與分化來達成變遷的例子。這種分化，與成大歷史語言研究所之「整合」中文與歷史，取徑似殊，卻有異曲同工之妙。對原有的中文研究所之體質，皆有所刺激。

中文所內部之變遷如此，其與外界社會之關係，亦頗有改易。

從前，中文系所被視爲一封閉性團體，學者以皓首窮經爲職志，出路只在教書。而其研究，大抵也是個人化的，書齋獨坐，丙夜校經而已，待黃絹寫定，便可藏諸名山。漸漸地，出現了一些熱中於編書、演講、座談、在報上寫文章及不斷發表論述的學者，大家還頗有微辭，背後不免說些風涼話，譏嘲一番。大家對開會討論、羣聚論道，更是不甚熟稔。不是自恃身分、不明規範、視質疑問難爲有意找碴，就是嗤之以鼻，謂開會爲大拜拜。然後，又漸漸地，中文系所的學術活動頻繁起來了，各種座談、討論、聚會、學術會議，越來越多，且到了幾乎要讓人大喊吃不消的地步。單是淡江中文所，在過去一年中，就舉辦了幾十次大小型學術活動，且方式複雜。其餘各校，想必也甚蓬勃。學術的羣體聯繫、合作，較從前改善甚多；學術上的客觀規範也逐漸得以建立。侷處於一校一所中，予智自雄，自視爲大宗師的時代，不復再矣。

學術社羣內部互動關係增加、活力增強，其對外關係必然擴張。中文系所過去總予人以「鑽故紙堆」的印象，我們也以此自熹。現今則故紙堆仍然在鑽，可是外在世界的變動，我們也一樣關切。學術社羣內部的活動，很多卽是與外界合作的結果。中文研究所，與報刊雜誌、廣播電視、各文化團體的聯繫，遠比從前複雜。中文系所也參與了整個社會的文化工作中，成爲積極有力的分子。這個特徵，清華、中央、淡江中研所表現得尤爲明顯。

諸如此類變遷，大致可以說明前文所謂「新階段」之意。在臺灣現代化過程中，扮演傳統角色的中文系所，似乎也隨著社會的變遷，邁入現代化或已現代化。掙脫舊有的角色限定，展現了它發展更多可能的潛力。在諸人文學科中，它可能轉換適應得比其他學門還要好些。

這個轉變歷程，我適躬逢其盛，且亦爲之盡過不少心力。但對目前之現況，卻無滿意之感。因爲人力結構改變、社羣內部權力關係重組，只是一個過程；究竟在人力結構調整、課程多元化的同時，當代中文研究的精神方向何在，仍是晦黯不明的。而上文所描述的各項變遷中，不但每項內部都存在著許多問題，各項之間也未必諧洽。

例如課程的多元化，固然顯示各中文所已逐漸開展了不同的方向，但實際上也許只是內部權力妥協的結果，或爲「因人設課」，與全所方向精神皆不能統屬聯貫。因此，師大國文所雖有「西藏文」及「中韓文學文化比較」的課程，並不能顯示這個所準備致力於漢藏或中韓比較的方向。該所其他各方面課程及研究亦與此無甚關聯。故該課程仍是孤立的。對課程規劃缺乏整體設計與構想，畢竟仍是我們長期存在的問題。現在除了淡江中研所以外，沒有一個所有此規劃及能力。大家要不是不知課程教育規劃爲何物、應如何做，就是反對規劃、憚於規劃。

又，如果各所人事結構已有了調整，人員年輕化已成趨勢；那麼，如何整合這批年輕新銳的研究及教學人力，必然成爲更迫切的問題。現今四十歲左右已接手擔任中文系所中堅骨幹的階層，在他們嶄露頭角，準備由老輩手中轉換接手的過程中，也許既新且銳。但精神目力，全朝上看，欲由老輩的得失中汲取改變的機會與經驗。現在馬齒漸增、任職漸重，他們的學術規模，已未必新、未必銳了；卻發現他們對更年輕的講師、助教、碩士生，反而缺乏了解。和衷一致，共創新局，根本談不上。古典文學會今年初舉辦中文所研究生論文研討會，卽是針對這個危機而設。現在中研院文哲所續辦研究生論文發表及師生座談，當然更好。但此必須形成一長期的工作，否則不能奏效。而且，中堅權力階層，應放棄指導者的心態，把研究生當成共同研究的夥伴。新繼的中文所後進，亦不必循推倒權威的方式，或我們過去某些「叛逆」的心態，來彰顯自己。新時代，應有新的做法。

另外，各所多元化的發展，如前所述，有部分係採專業化分化的辦法。這個辦法，是七〇年代成長的人，針對中文系發展之方向，常有的思考進路，也符合結構功能分化的現代化理論原則。但我以爲時至九〇年代，此一路向可能應予修改。原因之一，是大學性質整體的變遷，使得大學逐漸從高等教育下降爲國民教育。美國的大學生在學人數，高達千分之五一；我國也曾準備在公元二千年時，達到千分之二十三。這種比例，必然使得大學不再是培養秀異分子的地方，大學只提供國民一般教育知識。同理，研究所急速擴張，且做爲現今新型態大學的延伸，起碼在碩士班，是不能以培養專業研究人員爲目標的。何況，現在中文研究所與社會互動關係如此緊密，反而去培養專業學究式人員，也是逆其勢而行。中文研究所碩士階段的教育，應該是提供社會一批對中國文化有基本了解，且具價值認同感的人。這批人可以迅速進入社會各階層，從事文教及其相關諸事務，以其所學，推動社會文化建設之發展（博士班階段，才來進行專業培養）。這不是專業教育所能辦到的。同時，我更不相信，不懂中國哲學能談什麼中國文學。割裂分化的專業教育之病，我們已經看得很多了，在中文教育裏可能更不適合如此。

中文研究所的困難不只於是，以上隨便談談。其他的，我願意再找機會發揮。

七十九、十、二十七　中研院文哲所主辦「中國文哲相關系所師生座談會」引言報告

大學的文學教育

現今大學體制中，並行著兩種文學教育方式，一種是以語文或文學科系學生爲施行對象，透過系統化的文學教育課程，培養其文學修養。語文及文學科系之外的學生，則無緣享受到這種課程，文學教育僅能安放在大一國文課程中進行。此外，便得仰賴社團和校園內部的文藝活動了。

對於與較多學生有關的這後一種文學教育方式，問題顯然比前者嚴重得多。

這不僅是因爲它所涉及者廣，而更是因爲文學教育的性質較爲特殊。

文學教育跟舞蹈、音樂教育並不一樣。在高等教育體系中，我們並不認爲每個人都應修習音樂或舞蹈、美術。可是，我們至今仍然覺得文學教育對每一位接受高等教育的人來說，都是必要的。否則，在大學裏開設國文課爲共同必修科便無意義。音樂、繪畫、舞蹈等等，雖甚重要，但那更像是專門技藝，可以提供有天賦、有興趣者去做專業修習。文學教育卻不然。其重要性雖然屢遭質疑；文學家的榮耀，雖然已漸褪色；文學的價值與影響雖然已經顯著降低，但大家畢竟還沒有將它視爲一專業技藝。通過文學教育，讓人獲得基本的文化教養，還是社會上仍能接受或仍在運用的觀念。

換言之，一位大學生，如果他讀的不是文學系，那麼，他在高等教育階段主要的人文教養，幾乎就都只能在文學教育中獲得。

這個處境，造成了現今大學文學教育的基本難題。難題之一，在於現在的大學不但是專業取向的大學，也是知識技術導向的。在企業管理、電機工程、銀行、保險……等科系劃分的教育結構中，人文教育根本就變成附加的，與該科系所學並無有機的關聯。因此，科系主管不會重視開設在他們系裏的人文教育課程，學生也只覺得他讀的是某某系，人文教育課程乃是不得不修習的課業負擔，或本科課業之餘的甜點。在這種情況下，一切人文教養課程都被輕忽了，文學教育（這裏專指大一國文，因爲除此之外，大學並無其他文學課程）自不例外。基本上，大學生並不能從大學國文課上學習到什麼文學感性及文學知識；文學寫作之練習，亦幾乎無法進行。

而做爲人文教養課程之一主要部分，文學教育本身也會遭到角色及功能偶或混淆的難題。因爲文學固然能帶人進入人文價值的世界，讓人體會含咀於其中，開啟我們對人性及社會的了解。但是，爲了人文教養之功能而進行文學教育，有時卽不免將文學教育視同「公民與道德」，把文學教育的教本編成「中國文化基本教材」，意圖激勵民族精神，未必眞能使學生獲得文學之陶冶。如何欣賞品味文學作品，對大部分學生來說都是極爲陌生的。校園的愛好文學的學生，大抵均只能從課餘的社團文藝活動中獲得慰藉，國文課反而對其文學修養毫無作用。

要改善這些情況，調整教材、改變教法，乃至修正師資結構，都是亟待進行的事，一般討論大一國文課程之改進者，對此言之已多。

然此類討論，皆非探本之論。因爲無論如何選用好教師與好教材，文學教育做爲大學人文教育之一環，是不會變的。大一國文，不可能設計成一純粹的文學教育課程。而一般大學生卻又只能有這門課來接受文學教育。這種困境，係由大學教育之結構來，改編教材、改進教法云云，皆無濟於事。

根本的辦法，是擴大大學人文教育體系，打破現今專業之導向與區分，讓大學成爲眞正培養一個文化人格的場所。如此，文學，可以合理地仍然做爲大學整體人文教育的重要部分，但文化、公民、道德等問題的討論，可以交出去，給較專門的學科來探究。文學仍然可以是人通向人文價值世界的重要孔道，卻可較合乎文學本性地來安排教程，讓人更有效地學習、認識文學。

基於這種立場，我十分支持教育部擬議中的通識教育課程改革草案。某些國文學界同行，昧於形勢，附和三民主義課程部分教師的瞎起哄，反對變更大一國文之教學結構及減少教學時數，我認爲是相當愚蠢的。

至於大學專業體制下的文學科系，其所實施之文學教育，因無上述之糾纏，故情況稍微好些。但也只是稍微。

因爲大學一般科系之文學教育不理想，有一部分原因正是課程規劃不佳、教材不善、師資不良。而其所以如此，則又是因爲推動或主其事的文學科系，對文學教育本來就觀念不清，所培養的人才也不能勝任文學教育課程。惡性循環，遂致沉痾至今。

而且，現今諸文學及語言科系，都不可避免地會遇到另一種結構上的問題。例如英語、日語、德語、法語，這些學系，主要的課程是語言練習，文學僅佔一部分。中文系，表面上看與其他系不同，因爲學生不是進了大學才開始學發音、認注音符號。但實際上仍得花大量精力在熟稔語文上，包括文字、聲韻、訓詁、文法、修辭等課程。就連大陸的中文系也區分成「漢語言專業」和「文學專業」。可見這所謂語言文學系的專業訓練，內部也駢行著兩個專業系統。

這兩個專業系統，長期以來，均未達到相輔相成的效果，而是彼此傾軋、抵銷。其他科系我不甚清楚，單以中文系爲例，有一段時期，文字聲韻訓詁之學風，居壟斷性優勢。大學中文系裏，對文學教育不甚重視。現在，搞文學的漸漸成爲權力階層，從事語文教育者則有落寞之感了。但由於過去弄語文的先生們不懂文學，故對文學不重視或重視而不得其法，以致我們現在要進行文學教育時，仍會感到人力不足，眞能勝任文學課程者，並不太多。

例如有些朋友主張，過去大學中文系裏不太講授現代文學課程，也不研究。現在爲了改善，應成立現代文學研究所。是的，應該。但師資哪裏來？我們過去既不曾於此培養人才，現在便只能拉一些原本研究古典文學的先生們兼差充數。而古典文學呢？情況亦未必樂觀。現在講古典文學的教師們，勉強能訓詁字詞、剖釋文法修辭而已。這是用一套語言教學的方法，來對付文學作品；眞能談文學者，依我狂悖的觀察，殆可謂寥若晨星。此無他，過去我們只接受了一點漢語言文字的專業訓練，對文學教育則仍甚外行也。

改進之道，可能在於我們應開始重視「文藝學」、「文章學」以及文學批評之研究與教學，否則不可能有體質性的改變。然茲事體大，宜另辦研討會專門討論，並促進共識。特別是師範系統的國文系及語文科，在這方面更應努力，現行的「國文教學法」，實與文學教育相去甚遠，改弦更張，勢不宜遲。師範系統的文學教育弄不好，中學大學的文學教育怎麼可能會好？

這並不是要排斥中文系裏的語文教學。相反地，我認爲：過去，中文系內部一直存在著語文教學與文學教育兩個互相抵斥的系統，而且也有些一系壓制另一系的現象（例如有些人堅稱搞文學必須精通聲韻學，精通聲韻之學者當然也能或更能弄文學，蘇軾詩好，則是因爲他懂聲韻學云云）。爲了避免這一現象，某些人主張將中文系分成語言組與文學組。像大陸分爲語言專業和文學專業那樣。但那是不對的，猶如把英文系拆成英語組和英國文學組，實施起來，只會造成更多的問題。語文訓練與文學教育，有其實際不可完全割裂的關係，故於今非欲使其分，正將力促使其同，使其彼此合作，相輔相成。

再者，過去在文學教育這一部分，也存在著兩個互相抵斥的系統，卽傳統文學與現代文學。這兩者互相爭鬥，最爲無聊。現在，我們也應該停止一切糾紛，轉而考慮我的建議，在文學科系裏，展開對文藝學、文章學、文學評論諸學科之研究與教學。現代、古典、中國、外國諸文學作品，只是材料對象之不同而已，不應該再成爲意識型態上對抗的藉口。

依我看，只有如此，才能挽救幾乎已經病入膏肓的大學文學教育。

七十九、十一《文訊雜誌》

人文精神的學院

淡江大學文學院，係由英語科和國文科逐步發展而來。現在共有中國語言文學、英國語言文學、法國語言文學、德國語言文學、日本語言文學、西班牙語言文學、歷史、教育資料、大眾傳播等九個系。依此規模觀察，顯然文學院的「文學」兩字，是涵義較廣的，不專指文學知識的傳授與文學作品之欣賞，更指涉了整個人文學的範疇。因此我們所擁有的科系也包含語言、歷史、教育資料、大眾傳播等人文學各層面。

這個架構與規模，在現今全國各大學文學院中，尚無出其右者。像臺大文學院只有中文、外文、歷史、哲學；中央僅有中文、英文、法文；……。凡此皆展現我們能較完整地顯示一個人文學的規模。

目前文學院有教師一一六人，其中博士師資八三人，師資結構與他校相比亦絕不遜色。文學院所擁有之設備，如實驗劇場、攝影棚等，與圖書館配合之教育資料資訊設備，亦皆為大部分學校文學院所無。

因此，從歷史、設備、規模、發展方向、師資結構等各方面看，文學院都應該有強勢的作爲，不僅可以促進淡江人文精神之發展，亦應對整個國家社會之文化建設，提供更多貢獻。

但現在的情況，似乎尚不是如此，何以故？

一所大學的發展，不同於辦一個技術學院或中學。大學之基本精神，以及它在教育體系中的獨特地位，即在於它標示著人類對其自身及其所處世界之探索與關懷。這種探索與關懷，不只是爲了應付現實社會應用的需要，更是爲了開發人類之智慧、提昇其情操，顯示人類追求價值與理想的努力。

因此，大學，無論從任何角度來說，都應該是人文精神的堡壘及提倡者。大學裏，所有知識的探究、科技之發明、玄思論辯，均爲人文精神所貫注，亦爲人文精神之表現。因爲，它不是只爲了替就業市場培訓儲備人員，也不是只爲了提供學員出去後找一口飯吃而已。知識獨立之尊嚴、科學研究的可貴，其奧秘皆在於此。

晚近高等教育受社會實用思潮，及國家教育規劃的影響，大學的人文精神，業已淪喪殆盡。大學崇高的理念，雖仍鼓舞著校園中特立獨行的秀異分子，然莘莘學子，負笈千里而來，卻多半是謀食不謀道，且常以淺易卑下的現實祿利之想，質疑大學的人文精神。學校組織，也日趨企業管理化，人文精神，逐漸異乎其所聞。自西徂東，全世界高等教育都面臨了這個共同的困局，倒也非獨我中華民國爲然。只不過在我們這裏，切實反省此一問題者，尚不甚多罷了。

我們淡江大學創校四十年了。從歷史上看，淡江是先辦英專，發展人文科系，再逐漸擴大爲文理學院、爲大學。這種以人文爲基點的歷程，既是歷史的實然，又符合邏輯的應然，大學本來就應當以人文爲其基點。歷代主持校政者，對此應已有深切之認識，故能使實然與應然配合得如此恰當也。

但是，在淡江四十年的發展歷程中，對於這種精神主脈，並不能一直保持得很好。意識上往往將「人文」與「科技」對立起來，於是所謂人文精神，只成爲文學院的工作目標，似乎非其他院系之職責。如此一分，淡江校園內，非人文的性格，自然逐漸瀰漫起來，文學院亦只與其他各院平列，不能發揮主導及總體統攝的力量。

更有甚者，在學校內部資源的分配上，文學院的角色與地位，也與大學的人文精神一樣，有被輕忽之嫌，所獲挹注較少。文學院師生，默默承受社會的冷漠與誤解之餘，亦需忍受學園內不甚重視人文的氣氛。動心忍性，怨懟日深。近些年來，校園內部學生的運動抗爭，愈趨頻繁激烈。除了受政治社會變遷之影響外，這也是一個不可忽視的原因。

其次，文學院本身的架構亦仍有待加強。現今我們九個系，固然比其他大學略爲完備，若欲提供大學生一完整的人文學知識，促進學校總體人文精神之提昇，則尚力所不逮。因爲本校並無法政學院，大部分學生對法政事務之關懷所衍生的行動與知識問題，皆需文學院承擔；而文學院內部，做爲一所高等學府，文學院中缺乏哲學與藝術，又豈能啟進靈思、鼓舞創造性的心靈？因此，善的追求與美的陶冶，哲學系與藝術系，應是文學院應該再予加強並設置的。

當然，更應調整的是文學院學生的學習狀況。過去數十年來，淡江學生，尤其是文學院的同學，在國內文化活動上一直扮演著積極且具創造力的角色。推動著諸如校園民歌、鄉土文學等文化運動。但是，目前文學院的學生，似乎隨順著時代激擾浮媚的潮流，對人文精神，大多缺乏價值的渴慕與認同，亦欠缺創造的力量。或隨政風鼓盪；或跟從其他學校學生的步伐；或汲汲於謀食求職，而從根本上懷疑人文學的價值理念，對自己做爲一名人類靈魂探索者的身分，不唯不感興趣，且抱持鄙夷自卑的態度。這使得文學院近幾年的成績，主要表現在研究上；教學成果，反而大打折扣。

因此，我們若重新回到大學之所以爲大學的基本點上來思考，則大學理應依人文精神來創建其學術典範。文學院事實上是淡江的根本。但要使這個「根」更紮實、更堅牢，則有待學校行政體系以及文學院師生的共同努力。否則浮沙淺植，終究不能茂盛久長。回顧過去四十年的榮耀與辛酸，今天我們對此自宜有新的體認。

本文希望能提供這樣一個思考的向度。因此我們不枚列文學院相關院系之業務資料，也不必縷述四十年的躅迹。人文精神，向來不表現於材料上，而只顯示在思考性的深度上！

七十九、十二、十三《淡江時報》

推薦李福清

中國與俄國歷史淵源極深，雙方關係展開甚早。但中俄文學的交往卻要遲至十九世紀才逐步發展。魯迅在〈祝中俄文字之交〉一文中，熱烈慶賀俄國文學之傳布中土，正說明了雙方原先是如何地隔膜。

幸好事情只要開了頭便不難持續發展。自民國肇建以迄大陸淪陷，俄國文學與蘇聯文學作品之譯爲中文者，據云多達千種，影響之深遠，自不待言。其後政治形勢發生鉅變，臺灣與大陸均先後與蘇聯交惡。敵對的關係，使得中國人對蘇聯的學術文化發展日益陌生，中俄文字之交，逐漸顯得尷尬而艱難。但基於理解中國的傳統及需要，蘇聯學人之中國研究並未鬆懈。到八〇年代初，我國古典文學之譯入彼邦者，已有百餘種。這個數字，顯示了俄人鑽研中國文化的熱情與努力。正是由於這樣的熱情和努力，所以政治及地理上雖長期阻隔著兩地學人的交流，文化心靈上的溝通卻無時或間。一旦形勢允可，自然更要親切探問彼此的消息了。

前年我赴大陸訪問論學時，即與「蘇聯科學院高爾基世界文學研究所」研究員李福清聯絡，希望他能來臺灣。幾經周折後，他先偕夫人赴香港，在嶺南學院梁錫華先生處講學。由於是第一位入港講學的蘇聯學者，頗受矚目。但不幸發生嚴重車禍，治療後即回蘇聯，未能來臺。原擬於去年秋冬之際，再整裝入臺，後復因故未果。遲至今日，始確定來淡江大學，應「淡江講座」之聘，發表「中國古典文學研究在蘇聯」「中國現代文學研究在蘇聯」「蘇聯所見臺灣資料與研究」三場學術講演。

從這樣簡單的描述中，應該可以看出中俄雙方都眞誠而熱烈地想藉著學術上的交往，來更深切地理解對方和自己。李福清（Pucprnh. Gopnc Jlb BOBNU），將不僅是第一位來臺灣講學的蘇聯漢學家，也是一位能向我們介紹整體蘇聯漢學研究狀況的學人。

他於一九三二年生在列寧格勒，一九五五年畢業於列寧格勒大學東方系。在大學期間，即從移居俄境的中國回族人學習中國話並採錄其口傳文學。後來以《萬里長城的傳說與中國民間文學的題材問題》長文，獲副博士學位。該文反對顧頡剛的論斷，認爲孟姜女傳說並不能溯源於《左傳》的杞梁妻故事。旋又以《中國的講史演義及民間文學傳統》獲博士學位。以此爲基點，他逐步將研究領域擴及中國古典與現代文學各領域，並旁及朝鮮學等。

一九八八年，大陸學者馬昌儀爲他編了一册《中國神話故事論集》。前一年，他亦出版了《中國古典文學研究在蘇聯》，並被選爲蘇聯科學院通訊院士。但這仍不足以說明他的成就。列寧格勒所藏抄本《石頭記》就是他發現的。今年江蘇古籍出版社將爲他出版《古典小說研究論集》，北京人民美術出版社亦將出版他與王樹林合編的《蘇聯所藏中國年畫珍品選》中俄文本。此外，他正在編《紅樓夢年畫選》、《歷史風俗年畫選》、《海外所藏中國插畫選》、《海外所藏晚明戲曲選》等，所蒐輯資料，頗爲珍貴。最近，他參與撰寫的《世界民族神話百科全書》，在蘇聯獲得莫斯科國家文藝獎，其中有關中國的部分，卽出自他的手筆。該書大陸商務印書館亦將出版中文本。唯現代文學方面，如其研究錢鍾書、馮驥才等之文章則尚未結集。

我們不必誇稱他的學術成就如何輝煌，但至少他是個很好的例子，讓我們從陌生中開始熟悉蘇聯的中國文學研究風格爲何。例如他很注意中俄文學的關聯，很用心地去採輯資料（包括口傳資料和抄本、木刻、譯文等等），而且能運用民族及地域的整體聯繫關係，來思考中國文學的地位與內容。這都是臺灣過去進行中國文學研究時較不注意的地方。像他縱論烏蘭巴托、蒙古、朝鮮、越南、日本、格魯吉亞諸文學，與中國文學一起納入「亞伯利亞、中亞及遠東」這個地域中，思考其間諸民族文學之共同主題與情節，討論其傳播與影響之複雜關係。對我們來說，甚覺新奇。究竟能不能依此建立一個「遠東長篇小說的傳統」，乃至遠東文學的關聯網呢？又諸如年畫、挿圖等，一般古典文學研究未嘗經意之題材，在他及他的同道間，是否亦係基於對社會總體之關切而予以注意，一如他們較我們更注意通俗文學、民間文學那樣？

我們願懷著以上這些疑問與期待來歡迎李福清博士。也願藉此呼籲國內文學研究者注意蘇聯漢學界的方法、觀點與成績。

八十、三、二十《中國時報・人間副刊》

附錄

書道如蜀道

史紫忱

讀《中華副刊》龔鵬程博士大作〈里仁之哀〉，談臺靜農先生書法，眞知灼見，臺先生地下有知，亦必首肯。

龔博士是公認的文學才子，在他的本行裏，拳腳兼用，渾身武藝，宛如國術館常懸的聯句：「拳打南山猛虎，腳踢北海蛟龍」。曾在報上看過他一篇有關美學的論文，不禁拍案驚奇。這回他談臺老書法，說「我不懂他的字，並世論臺先生書法者，大概也都不懂」；實話實說，給予現時流行外行人講內行話的以當頭棒喝。

中國書法是由文字特性形成的一門世界獨有的藝術，幾千年來花費無數人的心血，構造幾種體制；體制中的線條變化，更僕難數。它通俗到不識字的人也喜愛，如素人畫家洪通寫字；高雅到藝術哲學都解釋不了，如哲學家孫智燊博士論書法。附庸風雅之士，則開荒腔。

俄國有個故事：沙皇時代，出現一位音樂神童，六七歲年紀，彈鋼琴名震遐邇。有位貴族婦人，邀神童到家中演奏，請來許多貴賓共同欣賞。神童演奏時，每遇休止符，雙手揚起一刹那，女主人心急如焚。演奏結束，掌聲如雷，貴婦人跑到神童面前說：「孩子，以後要把曲譜練熟再表演，千萬不要舉起雙手，彈不下去，教聽眾著急。」附庸風雅者，就是強不知以爲知的一種妄人。

何浩天兄任國立歷史博物館館長時，專案邀請臺靜農舉行個展，我和臺老同榜，一個會議中決定的。我自認書法不成熟，恭謹謝絕。臺老經不起遊說，慨然登場；當時報刊上對他展品的似是而非之評，令他啞子吃黃連。

從事任何藝術工作，只要不心盲目盲，都知道藝無止境，活到老，學到老。一項著名的學術獎中的書法獎，採用評委單獨評審，由召集人匯輯評委意見，統計分數，以定取捨。有一次臺靜老擔任召集人，獲獎者的評語，完全用我的話，我事後對他說：「你喜歡碑學，我主張碑帖合一，你怎麼會同意我的見解？」他說：「唐宋以來的書壇，很多書家想碑帖合一，可惜受到二王感染過深，突破帖味的太少。我的書法還在琢磨中，個人的涓涓細流，不足以言書法大海。」臺老書藝漸漸在變，龔博士說「我不以爲他已經成功」，這話正說到臺老的心坎裏。

至於臺靜農說沈尹默是他的老師，好比孔子問禮於老聃，孔子是孔子，老聃是老聃。沈尹默的書法，無一筆無來歷，無一字無出處，來歷和出處，皆前人成果。我們研究書藝的人看，沈尹默只算「書匠」，工匠按圖施工，他不會自己設計摩天大厦。臺靜農是個虛懷若谷、尊師重道的老派學者，他的書藝已淹沒了他的文藝，崇拜他書藝的人，須知書道之難，難如蜀道，萬勿跟著沈尹默坐飛機。

七十九、十二、十《中華日報》

憶長江

——兼答龔鵬程教授

顏元叔

六四之後的七月，我作了第二度大陸之旅。同行的有我的大姐、我太太、我妹妹，及大兒學誠。我們從香港飛昆明，昆明飛成都，成都坐火車到重慶。以前看過美國人寫的遊記，說重慶這座山城完全籠罩在 smog 中：自然的霧氣與工廠的廢氣。那天我們登鵞嶺公園，俯瞰整個重慶市，大概是碰巧天氣好，四望一片清明，矮屋高樓，人車如蟻，一切看得清清楚楚。重慶市內也沒有什麼工廠，只在遠處，可能是郊區，有幾座高大的煙囪，飄出如長旗般的白煙。我當即每個方向都拍了照片，並叫大兒用攝影機環拍全景，作爲「重慶汚染說」之反證。當然，我只是過客，一兩小時的觀察算不得科學的論據。攝影爲證只是跟朋友擡槓時，做做談助罷了。附帶一提：鵞嶺公園裏有種毛竹，居然有濃烈香氣，可謂香竹；地點就在老總統　蔣公故邸的一側，觀光客勿錯過。

從重慶我們就上船遊三峽去。六四之後，遊客稀少；我們得以搭上最豪華的遊輪「長江之星」。同船的除了少數東德人，其他全是臺胞；坐滿一船，大廳用餐，四下傳來全是臺灣國語。

三峽，我及家人從未去過，包括從前在大陸的時候。又聽說大陸要建三峽壩，「高山出平湖」，遲了就沒得三峽可看了。所以，三峽遊，期待中更增添了一絲迫切感。船開了，我幾乎一直留在甲板上，觀看兩岸的景物，一切儘量瞧個仔細。

如今回憶，也不必從頭到尾細說細節。大體而言，假使我們懷抱古詩所寫的三峽情景，什麼「兩岸猿聲啼不住」啦，或「巫山巫峽氣蕭森」啦，那是要完全失望的。如今的三峽已經太文明化了。我想你要是在三峽任何地點落水，必定立刻有十個二十個人自岸上跳下救你。兩岸，客觀地說，百分之五十都住了人，有的地方住得滿滿的。就連非常陡峭的山坡，遠看有白點的羊隻，近看則見行行矮樹，不知是茶葉樹還是什麼。

我看過「話說長江」那部電視影集，照出三峽兩岸石壁上有許多歷代的名人題字。這次則一概什麼都看不見。據說是夏天漲水，都給淹了。能看得見的只有高處的「懸棺」，低處的古棧道鑿孔。

但是，依著船側欄杆俯視船邊水，或在船頭遠眺有時開闊如湖的水面，則長江水之凶野似乎萬年依舊。那水好像不是從上面流下來的，而是從峽底湧上來的。於是，你總是看到圓形的水紋湧上來，翻開來，向四周推散開出，邊緣並不平攤盪漾，而是像捉荷葉邊一般，向下向裏轉了進去，形成一圈先凸後凹的圓邊！我想，這峽底不知是什麼怪異的岩層結構，才會把水流攪成這個洪荒模樣！

據說，從前上下三峽，不是「行船走馬三分險」，而是七分險。岸邊河中常有沉船浮屍。如今，造成險阻的岩石都給炸平了，行船三峽不再是畏途——當然也少了一份探險的刺激。聽船上人說，從前峽中某處有一塊巨石，造成怪流；行近的船必須朝巨石直衝，待接近石頭時，湍流自會將船頭推開，推入安全地帶。而當年有位英國船長不信邪，認為向石頭直撞簡直荒謬，乃掉頭他駛，反而觸石沉沒。可見：中國之水是不適合外國人航行的！

我要是說，三峽長江水很清澈，那是睜開眼說瞎話。但是，三峽長江水，一直經過葛洲壩，到武漢——這一段我航行過，我們在宜昌上岸，後來又在長江邊的武漢「晴川飯店」住了幾天——我親眼目睹，長江水絕對沒有黃濁到黃河的程度！我很仔細地一路上觀察長江水，它的確是濁水，絕非清水。我觀察水的方式是看船邊上與碼頭邊上的水，看沖在砂石岸邊的水；因為這時有個底子墊在水後面，水的濁度就比較容易看得出來。我這種觀察，一路上有機會就這樣觀察——我們的遊程是兩天兩夜，在好幾個地方停泊，而且登岸參觀——我發現長江的水，濁是濁，沒有濁成黃泥水，更不能說像「一斗水有六升沙」的黃河水。此外，六、七月的河水較濁也是常態。因爲，夏季總是雨水多，沖刷下來的泥沙自然也多——我想密西西必河也是這個樣子的吧。何況我們開船的前兩週，剛剛有一個洪峰通過三峽。

無論怎麼說，長江畢竟是一條大河，流經半個中國的大河，兩岸麕集的人口恐怕世界數第一。它是條大動脈，落實地說，也是一條四、五億人口的排水溝，能夠保持到這個樣子，水氣不臭，水色不黑，泥沙沒有把葛洲壩堵塞塡平，還能夠養中華鱘，還能夠讓白豚有足夠的清水而存活下來，這已算是難能可貴的了。長江畢竟是長江，你不能要求它是一條清淺的山溪。

這兩天兩夜的途程，我特別注意兩岸是否有水土流失與污染廢水的流入。我跟我妹妹特別注意此事。我們都是外行人，目測這類現象當然無法深入、精確。但是，就普通人的觀察力而言，我們只發現三峽某處有一大片白色物質，從一個看似工廠的建築物，延伸到水邊，沒入水裏。我說「延伸」，因爲我們分辨不出那白色的東西是流體還是固體。除此之外，就連坍方的痕跡，雖然峭壁處處，也未曾一見。我想任何遊過三峽的人，應該可以見證。

當然，長江上游還有多少支流，還有好長的下游，水土流失大概都發生在那些地方。龔教授所引的水土流失的數據，大概是那些地方造成的。無可諱言，大陸在文革時期的大混亂中，濫墾濫伐非常嚴重，就連吾村對面「前山界下」的千年古林也被砍成禿山。不過，他們現在知過了。十餘年來到處植林，就連原是黃草荒山的「將軍嶺」，前年返鄉時也發現種滿了樹，「前山界下」和極目所見的遠近山頭，全種滿了樹，多是兩三個人的高度（古樹還有，但是甚少），顯然是十年左右的樹齡。我說：「種那麼多樹啊？」鄉人回說：「沒有樹就沒有水呀。」樸實直捷的眞理。他們已經領略到苦果，改過遷善了。

像我們茶陵這樣地處湘東邊陲的地方，他們也已普遍注意到水土保持的重要，長江這樣的命脈大河是不可能不注意到的。實則，長江水土的維護計畫與工作，就連臺灣的報紙也登得不少。龔教授的水土流失數據，顯然是大陸整治長江的單位公佈的，龔教授專業中文，不可能自己調查得來吧。既然他們有這種數據，這也表示他們已密切注意到這個問題之存在，而且也會有相應的行動吧。借用「八千里路雲和月」所播「亞運回顧」中紀政女士所說的話：「大陸的體育界是說到一定做到，甚至不說的也做到。」中國人是變了。讓我們帶著同胞之同情預祝他們會把長江治好，就像他們已經治好了蘇北運河、秦淮河、蘇州河一樣。

其實，站在海峽這邊置身局外的我們，說是說非，說好說歹，對海峽那邊沒有分毫影響。你說它好，它全國也不會因你雀躍，你說它壞，它全國也不會因你沮喪。十一億人反正像長江黃河，日夜奔流，不會爲什麼止步，也不會爲誰停留。它會灌溉你，也可能淹死你

——看你置身什麼方位。中國之存在，不是要來取悅世人的。只會冬眠不會死的盤古龍，這是你第幾度覺醒，第幾度「來臨」？

年紀輕輕的龔教授犯了兩個禁忌：他攻擊我的文章應該出現在敝文發表的同一園地《海峽評論》，不該另闢戰線，令讀者不知原委——因讀者未得窺見敝文全貌。其次，他指名對我作人身攻擊說我「老糊塗」「瞎眼」，這有失讀書人的風度（我罵人向來只對類型，不對個人）。不過，想起億萬同胞爲復國興國的犧牲奉獻，個人的這點突如其來的小傷害只是蚊子一叮，小事一樁，不必回罵！中國之強大如可期，就算龔教授把我罵成糞中蛆，我亦甘願。中國之強大如不可期，唉！那麼龔教授與我只有繼續做亞細亞孤兒。那麼，同是國際可憐人，又何必互咒而更增可憐相!?

八十、二、二十六《中時・人間》

龔鵬程印象

夢花（湯淑敏）

隨著臺灣當局開放了回大陸探親，眾多的臺灣文化界、教育界人士紛紛回來探親、旅遊以及從事學術交流活動。在這當中有一個名字頻繁地在報刊上、學術會議上，也在文藝界、學術界朋友們的口頭上出現，引起了我的注意，他就是龔鵬程。

一九八八年十一月，我去福州參加福建省臺灣文學研討會，龔鵬程也在福州參加另一個文藝理論會議，可惜只差一天，失之交臂。由此，我更產生了想見見這位年輕學者的願望。

今年春節，機會來了，他攜夫人一起來南京參加明清小說金陵研討會。其間，我們曾有短暫的晤談，雖不深入，倒也難忘。這裏，我把自己的所感、所聞、所得，權且記錄下來，供學人們參考。

貌不驚人　語卻出衆

看到他之前，在我的想像中，才三十出頭的年輕教授，研究成果斐然，近兩年又在大陸學術界贏得了聲譽，一定是一個年少氣盛、鋒芒畢露的人，結果事實與我的估計完全相反。第一次見到他時，他穿了一件藏青色的夾克衫，深色長褲，普通的男式剪髮，與我們大陸的小青年毫無二致。個頭不高，一張平淡無奇的臉，一切太平常了。

與他交談時，你才開口，他就一個勁「是、是、是」地應著，非常謙和。但是待我與他有了一些接觸，聽了他幾次發言，讀了他一些論文以後，再看到他時，就覺得他不那麼「平常」了。

他發言不像有些人靠氣勢、靠音量，他發表意見如同談心，平易自然，娓娓道來。他是以思維活躍、見解新穎、知識淵博、條理清晰震懾聽眾的。

「我見到的只是你的背影」

龔鵬程至今還不滿三十四週歲，不僅已經當上了教授，而且還有一大串的頭銜：淡江大學中文系主任、中文研究所所長、臺灣古典文學研究會理事長、臺灣學生書局總編輯等等。著述目錄有長長幾頁紙，揀其要者，專著有：《孔穎達周易正義研究》、《讀詩偶記》、《江西詩社宗派研究》、《中國小說史論叢》、《詩史本色與妙悟》、《文化、文學與美學》、《文學散步》等十多種，論文幾十篇，還有創作、評論等。自一九七九年以來（其時他還在讀碩士學位，一九八三年獲博士學位），他除了學習、教學任務，以及報社與出版社的編務工作以外，平均每年要出兩本專著，若干篇論文，十年來持續不斷。這樣的效率不能不使人吃驚了，他是怎樣取得成功的呢？

最了解丈夫的莫如妻子。高寶琳與他是大學同學，比他年長兩歲，同是江西人，兩人的家庭背景又十分相似，她現在一所中學教語文。小高身材苗條，容貌姣好，臉上常帶著純眞的笑，談話時，一雙大眼睛專注地望著你。針對我的問題，她說：「他決不是天才，只是智商比較高吧。他所以取得這樣的成績，主要是他讀書特別刻苦、專心。除了上課，他一回到家便坐下來讀書。所以我常對他說：『我見到的只是你的背影！』」

做學問從學武術開始

龔鵬程，江西吉安人，一九五六年三月十五日出生於臺灣。父親是軍人，一九四九年去臺，退役後以擺麵攤爲生。他共有兄弟姊妹五人，全家七口，生活過得十分清苦。小時候經常受到貧困和饑餓的威脅，常去野地裏採些地瓜、果子來充饑。可以說，他是在農村和城市的角落裏悄悄地長大的。

儘管家境不好，但因爲他是家裏唯一的男孩，父親對他寄予厚望，經濟再拮据，還是堅持讓他讀書，加之伯父、堂兄都是讀書人，對他亦有好的影響。他啟蒙很早，從小即對中國傳統文化、各種典籍發生興趣，讀小學時即到書店去找柳宗元的集子，還愛看各種小說，常常省下零用錢，送到租書店裏去看上一天書。昏暗的燈光，持續的閱讀，使他的視力受到很大損害。

聽他說話時，我注視著他的眼睛，原來他戴著一千多度的隱形眼鏡，左眼皮上隆起了一個小疙瘩，不知與隱形眼鏡是否有關。

初中、高中階段，他熱衷於學習各種武術，對學校的功課不重視，成績不好。他加入了孩子中的幫派，常與別個幫派的孩子打架。所在學校不是太好的學校，自己又不用功，直到高中畢業時，他還在「放牛班」（臺灣的中學也分作兩類：一類是準備考大學的，另一類是沒有希望升入大學的，後一類學校學生被稱之爲「放牛吃草」）。中學時代的寶貴光陰都被他拋擲在各種武術書中了，他把各門各派的武術書拿來加以整理，進行比較，探索其源流，研究它們是如何發展變化的。他完全入迷了，甚至想自創一個新派。由研習武術，又進而研究中藥的配製，以致能爲小朋友開練功的傷藥，自己配製藥水。誰知這種鑽研武術的勁頭，把各種武術加以整理比較探源的方法，竟成了他做學問的開始！

一九七三年，這個「放牛班」的學生僥倖考上了大學（全班就錄取了他一個），但考上的是德語系，由於他語文考分在九十分以上，按學校規定可無條件轉系，他就立即轉入中文系。

站在我面前的龔鵬程是這樣文質彬彬，溫文爾雅，他小時候頑皮、愛打架的影子一點也見不到了。我想小高也許見到過，就好奇地問她。「聽說他小時候很頑皮，但自從我認識他起——我們是一九七九年結婚的，加上大學同學四年，至今也有十幾年了吧——他就是現在這個樣子。」她回答了以後，略爲停頓一下，接著又說：「他性情溫和，從沒對我發過脾氣，聽說他在外面辯論起學術問題來十分凌厲，但我沒有見過。」

大學時代是龔鵬程的成材期。他如饑似渴地讀書，一進大學，首先鑽研《莊子》。當年鑽研武術的辦法全都用上了。他先到校圖書館把所有關於莊子的書全部借來，把各家各派的說法加以整理歸納，綜合比較，然後自己來一篇篇地進行注解。其實那時他的古文獻知識很貧乏，校勘、訓詁都不太懂，初生牛犢不怕虎，他就這樣幹起來了，《莊子》三十三篇，他注了二十篇，有的還注了不止一次。

影響最大的四位老師

整個大學時代他是一步一個腳印走過來的。他認爲對他一生影響最大的有四位老師：(1)章太炎。龔鵬程說：「章太炎的《國故論衡》，對先秦諸子特別推崇道家、法家，而批評儒家，這與我很投合，我喜歡傳統，又不滿於傳統。」(2)劉師培。他認爲劉先生知識淵博，可惜英年早逝。他以無限仰慕之情研讀劉氏遺書七十四種，劉氏遺書成了他學習文史哲的入門書。(3)馬一浮。馬在四川辦了復性書院，是專講理學的，特別講性情陶冶，對龔鵬程影響很大。(4)熊十力。他的《讀經示要》也使龔鵬程受益匪淺。

整個大學時代，他遨遊於從先秦至近代的各種典籍之中，可算是個國粹派。直到大學畢業時，連白話文都不大會寫。他把全部關懷與熱忱投向古代，對新文化持懷疑態度，對現代思潮有抗拒情緒，這反映了當時臺灣整個青年一代的心態。

獨特的奉獻

從七〇年代到八〇年代，龔鵬程從大學中文系的學生——研究生——教授，以自己的才學與勤奮，在文化學術領域裏，做出了自己獨有的貢獻。

這個時期他先寫了幾部詩詞賞析的書：《詞選讀注釋賞析》、《蘇軾詩選注賞析》、《古典文選精選析注》等，他開始用現代語言、新的批評觀念來處理古代文學作品。碩士論文是研究《易經》。博士論文則是通過對江西詩派的研究，進一步研究唐宋文化的變遷，從而對中國文化的發展做出了自己獨特的解釋。在小說研究方面，提出把握「天命說」是研究中國小說的命脈。

因爲他不墨守陳規，不是踩著古人的腳印走，而是尊重傳統，立志革新，這樣也曾引發了一些事端。例如，他在博士畢業時，曾撰文對所有歷屆臺灣畢業的一四九位博士的論文進行評估，對如何寫博士論文，從內容到方法提出自己的見解。爲此學術界嘩然，許多人極爲憤怒，新聞界爲此吵了一個月。再如，他的《文學散步》，對臺灣過去的文學概論課提出革新，要求打破過去教學的基本模式，又引起了軒然大波，羣起而攻之。諸如此類，使有的老先生對他十分厭惡，說他是「欺師滅祖」，是「紅衛兵」。

他的文學研究獨特之處，概括說來大致有三條：⑴不局限於文學領域，而是與整個文化思想聯繫起來思考，主張文學研究者，一定要重視對歷史與哲學的研究。⑵注重方法論。吸收西方理論，更新傳統的方法運作。⑶研究對象切忌單一。要通古今之變，研究文化變遷，研究古代要有當代意識。所以他在大學裏最早主辦了現代文學討論會、三〇年代文學討論會和當代文學討論會。

「我已經不年輕」

文友們聚在一起，說東道西，免不了有人對龔鵬程少年得志表露出羨慕、贊嘆之情，誰知龔鵬程卻一本正經地說：「許多比我年輕得多的新人已經冒出來了，我已經不年輕，我老了。」他這一席話逗得大家哈哈大笑。我感到他這話確非隨意而說，這反映了他內心深處的緊迫感、責任感。

行文至此，該擱筆了。但我還想再贅述一句，因爲接觸不多，了解不深，對龔鵬程的學術成就還缺少研究，以上所記，只能是印象而已。

一九九〇年二月於金陵

（夢花：女，江蘇省社科院文學所副研究員）

《江蘇社會科學》一九九〇，四期（實爲創刊號）

三民叢刊書目

1. 邁向已開發國家　孫　震著
2. 經濟發展啟示錄　于宗先著
3. 中國文學講話　王更生著
4. 紅樓夢新解　潘重規著
5. 紅樓夢新辨　潘重規著
6. 自由與權威　周陽山著
7. 勇往直前　石永貴著
8. 細微的一炷香　劉紹銘著
9. 文與情　琦　君著
10. 在我們的時代　周志文著
11. 中央社的故事(上)　周培敬著
12. 中央社的故事(下)　周培敬著
13. 梭羅與中國　陳長房著
14. 時代邊緣之聲　龔鵬程著
15. 紅學六十年　潘重規著
16. 解咒與立法　勞思光著
17. 對不起，借過一下　水　晶著
18. 解體分裂的年代　楊　渡著
19. 德國在那裏？(政治、經濟)　郭恆鈺・許琳菲等著
20. 德國在那裏？(文化、統一)　郭恆鈺・許琳菲等著
21. 浮生九四　蘇雪林著
22. 海天集　莊信正著
23. 日本式心靈　李永熾著
24. 臺灣文學風貌　李瑞騰著
25. 干儛集　黃翰荻著
26. 作家與作品　謝冰瑩著
27. 冰瑩書信　謝冰瑩著
28. 冰瑩遊記　謝冰瑩著
29. 冰瑩憶往　謝冰瑩著
30. 冰瑩懷舊　謝冰瑩著
31. 與世界文壇對話　鄭樹森著
32. 捉狂下的興嘆　南方朔著

三民叢刊33

猶記風吹水上鱗

余英時　著

本書以紀念錢賓四先生的文字爲主，賓四先生爲一代通儒，畢生著作無不以重發中華文化之幽光爲志。透過作者的描述，我們不僅能對賓四先生之志節與學術有深入的認識，並對民國以來學術史之發展有一概念。

三民叢刊34

形象與言語

李明明　著

藝術是以形象代替作者的言語，而在形象與言語之外，仍還有其他種種相關的問題。本書作者從藝術與時代、形式與風格、藝術與前衛、藝術與文化五個方面剖析西方現代藝術，使讀者能對藝術品本身及其相關論題有一完整的認識。

三民叢刊35

紅學論集

潘重規　著

本書爲「紅學論集」的第四本。作者向來主張《紅樓夢》一書爲發揚民族大義之書，數十年來與各方學者論辯，更堅定其主張。本書爲作者歷年來關於紅學討論文字的總結之作，也是精華之所在。

三民叢刊36

憂鬱與狂熱

孫瑋芒　著

輕狂的年少，懷憂的中年，從鄉下的眷村到大都會的臺北，從愛情到知識，作者以詩意的筆調、鋪陳豐饒的意象，表現生命進程中的憂鬱與狂熱。以純藝術表現出發，而兼及反應社會脈動，不但樹立了獨特的個人風格，也爲散文藝術開拓了新境界。

三民叢刊37

黃昏過客

沙究 著

「爲樸素心靈尋找一些普通相的句子」沙究在獲得時報短篇小說推薦獎時曾對他的寫作有如是的感言，他的作品就是最好的實踐。本書將帶領您從浮生眾相中探索人類心靈的面貌。

三民叢刊38

帶詩蹺課去

徐望雲 著

我們都或多或少的讀過現代詩，但對現代詩的了解卻很少，於是許多譁眾取寵的文字便假借現代詩的名義出現，讓「詩人」成爲一種笑話。本書以輕鬆的筆調、嚴肅的心情，引導讀者更接近、更了解現代詩。

三民叢刊39

走出銅像國

龔鵬程 著

「有筆有書有肝膽，亦狂亦俠亦溫文」，身處時代之中的讀書人，傾聽時代之聲，即使漠然獨立，又豈眞無關切奮激之情？看龔鵬程如何以慷慨纏綿之筆，爲當今的社會文化現象把脈，提出處斷的良方。

三民叢刊40

伴我半世紀的那把琴

鄧昌國 著

本書爲作者歷年來對工作及生活的感懷之作。作者以深厚的音樂素養和經歷，娓娓細訴生命中的點點滴滴。一把琴，陪伴走過半世紀的歲月滄桑，樂音寄託壯志，也撫平了激越胸懷。

國立中央圖書館出版品預行編目資料

走出銅像國／龔鵬程著.--初版.--臺
北市：三民，民81
面；　公分.--(三民叢刊；39)
ISBN 957-14-1851-X (平裝)

1.論叢與雜著-民國67-　(1978-　)

078　　　　81000575

著　者　龔鵬程
發行人　劉振强
出版者　三民書局股份
印刷所　三民書局股份
地址／臺北市
郵撥／〇〇
初　版　中華民國八
編　號　S 85223
基本定價　肆元
行政院新聞局登記

ISBN 957-14-1851-